그래서 아팠구나

그래서 아팠구나

실제 상담 사례를 통해 본 치유의 시간

· 어정현 지음 ·

지유문고

서문

필자는 몇 년 전 위빠사나 명상의 수행원리에 기반한 '인지정서 통합수용치료기법'을 제시한 『알아차리고 머물러서 지켜보라』를 출간한 이후 재능기부 형태로 상담을 진행하고 있습니다. 상담 과정 중에 내담자의 이야기를 듣고 '아~ 그래서 아팠구나'라고, 내 안에서 내담자에 대한 깊은 공감이 일어남을 느꼈습니다. 그리고 비슷한 아픔을 가지고 있는 사람들이 이러한 구체적 상담 사례를 통해 치유가 되거나 또는 자신의 어린 시절 불편했던 경험에 대해 상담자와 묻고 답하는 과정에서 치유가 될 것이라는 확신을 갖고 그간의 상담 사례를 정리하여 한 권의 책으로 펴내게 되었습니다.

이 책에서 제시하는 상담의 내용은 '인지정서 통합수용치료기법'의 인지적인 부분에 국한하여 기술한 것입니다.

인지적인 부분에서 대상과의 접촉으로 의식이 일어날 때 반드시 일어나는 마음 현상인 접촉, 접촉의 내용, 감정, 인식, 의도와 바람에 대해서 상담자가 질문을 하여 내담자가 스스로 그 답을 찾고 의도를 표현하도록 유도합니다. 이는 어떤 상황에서든 반드시 일어나는 마음 현상, 즉 공통적으로 일어나는 마음 현상을 분명하게 알게 되면 자신의 불편했던 감정이 어디에서 비롯되었는지를 알게 되어 그 고통으로부터 벗어날 수 있기 때문입니다.

상담의 진행은, 눈을 감고 자신을 불편하게 했던 접촉이 일어난 장면을 떠올리고, 그때 자신을 불편하게 한 투사를 일으키는 접촉의 내용을 찾고, 그때 느낀 감정을 찾고, 그 장면에서 감정이 일어난 원인이 되는 상대가 자신을 어떻게 취급했는지를 살펴보고, 그것이 자신에게 어떤 영향을 미치는지를 찾아봅니다. 그리고 그때 상대에게 받고 싶었던 사랑이 어떤 사랑이었는지 자신의 바람을 찾아봅니다. 그리고 마지막으로, 그때는 상대가 두려워서 하지 못했지만 속마음으로는 어떻게 하고 싶었는지 의도를 찾고, 상대에 대한 두려움에서 벗어나도록 지금 여기에서 그 의도를 표현하도록 돕습니다.

이러한 일련의 과정을 통해서 내담자는 자신의 불편했던 감정이 일어난 장면 속에서 구체적으로 자신이 왜 힘들었는지 그 이유를 알게 되고, 또한 자신을 두렵게 한 상대에게 자신의 속마음을 당당하게 표현함으로써 상대에 대한 두려움에서 벗어나게 됩니다.

이 책은 독자에게 두 가지 측면에서 도움이 될 것이라 생각합니다.

첫째는 독자의 치유에 도움이 될 수 있다는 것입니다. 이 책의 구체적 사례가 독자와 동일하거나 유사한 경험이었다면 이 사례를 통해 치유의 경험을 느낄 것이고, 만약 유사한 사례가 없다면 자신의 어린 시절 불편했던 기억을 떠올려서 상담자의 질문에 스스로 답을 하면서 찾아보는 과정에서 치유의 경험을 느낄 것입니다.

둘째는 부모가 자식을 어떻게 양육해야 자식의 행복에 도움이 되는가를 얻을 수 있다는 것입니다. 이 책의 구체적 사례를 통해 어린 아이의 상처를 보면서, 부모가 의도했든 의도하지 않았든 권위자인 부모가 한 행동이 자식에게 때로는 상처로 남는다는 사실을 확인할 수 있을 것입니다. 그것은 부모가 자식에게 혼을 내는 것과 같은 두려움을 주는 행동, 즉 무시하고, 가치 없게 하고, 무섭게 하는 행동이 대항하지 못하는 약자인 자식의 가슴에는 서운함, 억울함, 서러움, 원망스러움, 두려움 등과 같은 감정으로 자리잡게 됩니다. 부모가 이러한 행동을 할 때의 표정, 눈빛, 태도나 높은 목소리, 말투, 말의 구체적 내용이 성인이 되어서도 투사가 되어 자식을 괴롭히는 요인이 됩니다. 그러므로 자식을 행복하고 건강하게 키우기 위해서는 혼을 내는 것보다 항상 자식을 이해하고, 배려하고, 존중하여 안정감을 갖도록 해주는 것이 필요합니다.

이 책을 구성함에 있어 일부 격한 표현이나 좌충우돌식 표현 등은 내담자의 진솔한 목소리를 가능한 그대로 전달하고자 수정 없이 수록하였으니 양해 바랍니다.

이 책을 완성하기까지 많은 분들의 도움이 있었습니다. 특히 이 책의 핵심 내용인 구체적 상담 사례를 독자의 치유에 도움이 되도록 출간하는 것에 기쁨으로 허락해 주신 많은 내담자분들의 따뜻한 마음에 진심으로 감사드립니다. 그리고 출판을 결정해 주신 도서출판 자유문고 김시열 대표님께도 감사를 드립니다.

모든 존재가 행복하고 평화롭고 자유롭기를 기원합니다.

2023년 4월
어정현

1장

들어가는 글

어린 시절에 겪은
상대에 대한 두려움을 이겨내면
자존감이 회복됩니다.

매화가
추운 겨울을 이겨내고 꽃을 피우듯이.

심리적 불편감 발생 원인과 치유 방법

인지 정서 통합수용치료에서 바라보는, 심리적 불편감을 일으키는 원인에는 아래의 4가지 유형과 이를 극복하는 방법이 있습니다.

첫째, 심리적 불편감을 일으키는 무의식의 가장 밑바닥에 자리 잡고 있는 자신의 존재에 대한 불안입니다. 즉, 그러한 권위자로부터 받은 두려움으로부터 자신이 어떻게 살아남을지의 존재에 대한 두려움이 무의식에 자리 잡게 됩니다.

상대(권위자)로부터 무시 받은 사람은 존재가 사라지는 느낌으로 다가오고, 쓸모없다고 취급 받은 사람은 스스로 없어져야 된다는 생각이 들고, 무서움을 느낀 사람은 허허벌판에 버려져서 어떻게 살아갈 수 있을까 하는 불안에 떨게 됩니다.
이 모든 경우 존재로서 어떻게 살아남을지에 대한 불안, 즉 어떻게 살아남을 수 있을까에 대한 두려움에 휩싸이게 됩니다.

이 두려움이 심리적 불편감의 대부분을 차지하고 있으며, 이를 극복하기 위해서는 이러한 두려움을 일으킨 상대(권위자)에 맞서서 당당하게 표현함으로써 권위자에 대한 두려움을 극복하여 존재에 대한 불안에서 벗어나 치유가 됩니다.

둘째, 자신에 대한 연민입니다. 이것은 어린 시절 권위자로부터 상처받아 위축되어 있는 자신의 모습을 보고 연민의 마음을 일으켜 자신을 위로하는 행위를 통해 제한적 재양육을 하는 것입니다. 이로써 위축되어 있는 어린 자신을 위로하여 제한된 시간과 공간 속에서 성장을 시키는 것입니다.

셋째, 상대에 대한 죄책감(미안함)에서 비롯된 것입니다. 그것은 상대에게 용서를 구하고, 상대로부터 용서를 받음으로써 비로소 미안함에서 오는 슬픔에서 벗어나는 것입니다. 즉, 상대와 심리적 화해를 통해 자신의 마음의 괴로움으로부터 벗어나는 것입니다. 이를 나는 화해 상담이라 부르고 싶습니다. 애도 상담이 여기에 해당됩니다.

넷째, 이는 특히 예외적인 상황으로 공포증이나 PTSD와 같은 특정한 대상, 사건, 장소에 대한 두려움입니다. 이는 두려움이 핵심 감정이기 때문에 두려움을 없애는 치료를 하면 됩니다. 즉, 두려운 대상, 사건, 장소에 점진적으로 다가가면서 지속적으로 노출시켜서 두려움을 수용하도록 하는 것입니다. 모든 감정은 몸에 반드시 느낌을 일으킵니다. 따라서 두려움이 발생할 때 몸의 느낌에 집중해서 몸의 느낌에 반응하지 않고 수용함으로써 두려움의 극복이 가능합니다.

상처받은 내면 아이 특성

누구나 어린 시절 상처를 받지 않은 사람은 없습니다.
다만, 어떤 이는 조금의 상처를 받고 자라났고
또 어떤 이는 지속적으로 많은 상처를 받고 살아왔습니다.

그로 인해 사람에 따라서 나타나는 상처의 스펙트럼은
강도가 약한 상처부터 강도가 쎄고 깊은 상처까지
적은 수의 상처부터 많은 수의 상처까지 다양하게 분포되어 있습
니다.

어린 시절 상처의 깊이가 얕고 종류가 많지 않은 사람은
대인관계를 대체로 잘하며, 설혹 불편한 감정을 경험하더라도
불편한 감정에서 빨리 회복되어 건강하게 생활하게 됩니다.

반면에 어린 시절 상처가 깊고 종류가 많은 아이는 자존감이 낮아서
타인과의 관계에서 불편한 감정을 경험하면
어떻게 해야 할지를 잘 몰라
대인관계를 잘 하지 못하는 경향이 많습니다.

그렇게 상처받은 아이는 성장하면서
눈에 보이거나, 귀에 들리는 타인의 행동에서 투사가 일어나
우울과 불안으로 스스로 위축되어 있거나,
액팅 아웃을 하기도 합니다.

이렇게 상처받았던 치유되지 않은 내면 아이는
성인이 된 이후에도 그의 내면에 여전히 남아 있어서
대인관계에서 순간순간 화, 우울, 불안과 같은 감정을 일으킵니다.

결국, 치유되지 않은 상처받은 내면 아이는
성인이 된 그의 삶의 순간순간에 그에게 나타나서
그를 지속적으로 괴롭히는 요인이 됩니다.

스스로 감정 치유하기

화, 우울, 불안과 같은 부정적 감정에서 벗어나려면
왜 부정적 감정이 일어나는지 이유를 알아야 합니다.

그 이유는 어린 시절 자신을 위축시켰던 한 사건에서
존재에 대한 두려움을 심어준 상대가 너무나 두려워서
비록 마음속에는 하고 싶은 행동이 있었지만
차마 그 의도를 행동으로 옮기지 못하고
그때의 불편한 감정을 고스란히 안고 살아가기 때문입니다.

바로 그 사건, 사건들에서 발생한 불편한 감정이 어떤 경우는 화로,
어떤 경우는 우울로, 또 어떤 경우는 불안으로 남아
내 안의 상처가 되어 나를 괴롭히는 것입니다.

그러한 불편한 감정에서 벗어나기 위해서는

첫째, 그 사건에서 자신이 상대에게 어떻게 취급받았다고 느꼈는지를
분명하게 아는 것입니다.
무시를 받았는지, 버림받았는지, 하찮게 취급되었는지 등 …

둘째, 바로 그렇게 취급받았기 때문에 그런 불편한 감정이 올라왔음을
절실하고 충분하게 그 감정에 머물러서 느껴보는 것입니다.
눈물이 나면 눈물을 흘리고, 울음이 올라오면 엉엉 우는 등 …

셋째, 그 사건에서 나를 두렵게 해서 주눅 들게 했던 상대인
권위자에게 맞서서 당당하고, 단호하게 큰 목소리로
그때 하지 못했던 말들을 표현하는 것입니다.
나는 이를 맞섬표현이라 정의합니다.
이러한 맞섬표현으로 상대를 이기는 경험은
불편한 감정에서 벗어나는 가장 근본이 되며 확실한 방법입니다.

비록, 세 번째 맞섬표현을 하지 못하더라도
첫째, 둘째 방법만으로도 많은 부분 치유가 되며,
완전히 치유가 되는 데는 조금의 시간이 더 걸리겠지만,
어느 날 유사한 행동을 하는 권위자에게
문득 당당하게 표현하게 됩니다. 그때 비로소
권위자에 대한 두려움에서 완전히 벗어났음을 느끼게 됩니다.

이러한 방식으로 어린 시절 자신이 위축되었던 사건들을 찾아서
하나하나 떠올리며 동일한 방식으로 치유를 합니다.

이것이 불편한 감정을 스스로 치유하는 방법입니다.

20

접촉의 내용

감각기관이 대상과 접촉할 때

어떤 사람은 눈에 보이는 것에 취약하여
무시하는, 경멸하는, 표독스러운 등의 눈빛,
비아냥거리는, 무서운, 경직되고 굳은 표정,
혼낼 것 같은, 때릴 듯한 태도와 그러한 행동에
상대에 대한 두려움을 느끼게 될 것입니다.

또 어떤 사람은 귀에 들리는 소리에 취약하여
무서운, 두려운, 얼어버릴 것 같은 높은 톤의 목소리,
비아냥거리고, 비난하고, 한심해하는 듯한 뉘앙스의 말투,
남과 비교하고, 무시하고, 비난하는 등의 말의 내용에 의해
상대에 대한 두려움을 느끼게 될 것입니다.

이러한
눈에 보이는 눈빛, 표정, 태도와
귀에 들리는 목소리의 톤, 말투, 말의 내용으로 인해
무섭고, 억압받고, 억울하고, 가치없고, 무시받고,

원통하고, 속상하고, 버려지고, 소외되고,
불안하고, 위축되는 등의 감정을 느끼게 됩니다.

그러므로
눈에 보이거나 귀에 들리는 접촉의 내용이 투사를 일으키는 근원
이며,
그때 일어난 감정이 투사의 내용입니다.

"그때 나를 불편하게 하는 것은, 눈에 보이는 것인가요? 귀에 들리는
소리인가요?"

감정

감정이 일어나는 것은
감각기관이 대상과 접촉할 때
자신의 취약한 감각인 눈이나 귀에 접촉되는 내용인
상대의 눈빛, 표정, 태도와 목소리의 톤, 말투, 말의 내용으로 인해
상대가 나를 어떻게 취급했다고 느끼는지에 의해 감정이 올라옵
니다.

그 감정은
억울하고, 속상하고, 슬퍼서 화가 날 수도 있고,
억울하고, 속상하고, 슬퍼서 우울해질 수도 있습니다.
소외되고, 위축되고, 버려져서 우울할 수도 있고,
소외되고, 위축되고, 버려져서 불안할 수도 있습니다.

모든 감정의 바탕에는 두려움이 자리 잡고 있습니다.
무시 받게 되면 존재가 사라질까 두려워서 화가 나고,
쓸모없는 사람으로 취급받게 되면 존재가 가치없게 느껴져서 우울
하고,
버려지면 존재가 살아남지 못할 것 같아 불안을 느끼게 됩니다.

그러므로

화는 상대로부터 자신을 지키기 위해 내는 것이고

우울은 상대에게 머리를 숙여서 자신을 지키는 것이고

불안은 그 상황에서 살아남기 위한 몸부림입니다.

결국

화, 우울, 불안과 같은 감정이 올라오는 것은

스스로 자신을 지키고자 하는 내면의 강한 표현입니다.

자신이 느끼는 감정인 화, 우울, 불안은

생존을 위해 반응하는 표면적 감정이고,

이러한 표면적 감정을 일으키는 것은 존재에 대한 두려움입니다.

그렇게 자신을 지키기 위해 올라오는 감정을

자신에게 찾아온 가장 귀한 손님을 대접하듯

그 감정을 알아차리고 그 감정에 반응하지 말고 지켜보세요.

그러면 그 감정은 조용히 떠나갈 것입니다.

그렇게 귀한 손님을 대하듯

정중하게 맞이하고 대접해서 보내드리면 됩니다.

"그때 화, 우울, 불안 중에 어떤 감정을 느끼셨나요?"

인식과 영향

인식은
상황을 어떻게 이해하고 받아들이는가 입니다.

어떤 상황에 마주하게 되면
그 상황을 자신의 경험, 신념, 가치관에 의해서
판단하고 이해하여 받아들입니다.

이러한 인식에는 상황 인식과 존재 인식이 있습니다.

상황 인식은 자신에게 직접적인 영향을 미치지는 않지만
그 상황으로 인해 간접 영향을 받게 되는 것입니다.

반면에 존재 인식은 타인이 자신을 어떻게 취급했는지에 대해
직접적으로 느끼고 받아들이는 것입니다.
이처럼 상대의 눈빛, 표정, 태도와 목소리의 톤, 말투, 말의 내용으
로 인해
자신의 존재가 상대로부터 어떻게 취급받았다고 느꼈는지
즉, 무시 받았다고 느끼거나, 가치 없다고 느끼거나, 버려졌다고 느

껴질 때
자신에게 화, 우울, 불안과 같은 부정적인 감정이 올라오는 것입니다.

이처럼 자신의 존재가 그렇게 취급받을 때 내면 깊은 곳에는
무시 받았다고 느껴지면 존재가 사라지는 것 같은 느낌이 들고,
쓸모없는 사람으로 느껴지면 존재가 가치 없게 느껴지고,
버려졌다고 느껴지면 존재가 생존하지 못할 것 같은 느낌이 올라옵니다.

이러한 내면 깊은 곳에서 올라오는
존재로서 어떻게 살아남을 수 있을까에 대한 두려움은
무의식에 자리 잡고 있어서 스스로 알아차리기도 어렵습니다.

어린 시절 자신을 그렇게 취급해서
존재에 대한 두려움을 심어준 상대에 대한 두려움으로 인해
지금 여기에서 만나는 사람들에게서도
여전히 그러한 감정을 느끼고 있습니다.

바로 이러한 상대에게 부정적으로 취급받았다는 존재 인식이
부정적 감정을 일으켜서 마음이 괴로워지는 원인입니다.

"그때 그 상대가 자신을 어떻게 취급한다고 느끼셨나요?"

바램

바램은
어떤 일이 이루어지기를 기다리는 간절한 마음입니다.

바램은
그것을 이루어줄 상대가 없는 경우에는
어떤 일이 저절로 이루어지기를 기다리는 마음이지만
그것을 이루어줄 상대가 있는 경우에는
자신이 원하는 바를 상대가 꼭 이루어 주기를 바라는 마음입니다.

그때
상대가 자신에게 어떻게 해 주기를 바랐던 그것이
그 당시 자신이 상대에게 지극히 받고 싶었던 사랑입니다.

"그때 그 상대가 어떻게 해주기를 바라셨나요?"

의도와 표현

의도는
능동적으로 행동하고자 하는 마음입니다.

의도의 대부분은 행동으로 표현되지만
두려운 대상에게는 심리적으로 위축되어
자신의 행동하고자 하는 마음을 스스로 억압하고
대상을 회피하는 행동을 합니다.

특히, 감정이 일어난 사건에서
상대가 너무나 두려워 자신의 의도를 행동으로 표현하지 못하면
그때의 불편한 감정인 화, 우울, 불안을 고스란히 안고 살아가게 되어
결국, 그 감정이 내 안의 상처가 되어 자신을 괴롭히는 것입니다.

상처받은 마음을 치유한다는 것은
그 당시 상대가 두려워서 표현하지 못한 의도를
당당하고 단호하게 큰 목소리로 상대에게 표현하는 것입니다.

의도를 당당하고 단호하게 상대에 맞서 표현하여

지금 여기에서 두려웠던 상대를 이기는 경험을 함으로써
상대에 대한 두려움에서 완전히 벗어날 수 있습니다.

"그때 그 상대에게 어떻게 하고 싶으셨나요?"

"큰소리로 상대에게 그렇게 표현해 보세요."

애도 상담 원리

애도는
의미 있는 애정 대상을 상실한 후에
마음의 평정을 회복하는 정신과정입니다.

떠나보낸 사람에게
마음을 충분하게 표현하지 못하면
그 마음은 언젠가 상처가 되어 곪아 터집니다.

그러므로
상실의 상처 치유를 위해서는 애도가 필요합니다.

상실에 대한 슬픔의 본질은
상대에 대한 미안함에서 비롯된 것입니다.

그러므로 상대에게 용서를 구하고, 상대로부터 용서를 받음으로써
비로소 슬픔(미안함)에서 벗어나는 것입니다.

즉, 상대와 심리적 화해를 통해

자신의 마음의 괴로움으로부터 벗어나는 것입니다.

이처럼 상실의 고통에서 벗어나도록 돕는 것이 애도 상담이며

이를 나는 화해 상담이라 부르고 싶습니다.

왜곡된 수치심

수치심은
자신이 한 행동이 부끄러울 때 느끼는 마음입니다.

간혹 타인이 잘못했는데
자신이 수치심을 느끼고 사는 경우가 있습니다.

그것은
부모의 술주정, 부모의 싸움 등의 경우에는
부모와 동일시하여 자신의 수치심으로 내재화하고
성추행, 성폭행 등과 같은 피해를 본 경우에는
대부분 자신이 상대보다 월등히 약할 때인
어린 시절에 피해를 보았지만 상대에 대항할 수 없어
마음속에는
상대를 벌주고 싶은 마음과
그때 자신이 자신을 보호하지 못했다고 인식하여
타인의 잘못을 자신의 수치심과 죄책감으로
왜곡되게 내재화한 것입니다.

이렇게 자신의 것으로 내재화된 수치심과 죄책감의 상처로 인해
혼란의 상태에 있는 어린 영혼은
일생을 살아가면서 부끄러운 존재로 자책하며
타인과의 관계를 잘 풀어가지 못합니다.

이러한 마음의 고통으로부터 벗어나는 길은
그때 느낀 수치심이 자신의 잘못이 아닌
상대가 잘못한 것임을 분명하게 인식하여
"그것은 내 잘못이 아니야. 나는 피해자일 뿐이야."라고
고통의 굴레에서 스스로 벗어나는 연습과

가해자인 상대에게 큰소리로 외쳐서
수치심을 돌려주는 것입니다.
"수치심은 니 꺼야! 내 꺼가 아니야! 니 꺼니까 니가 가져가!"

그렇게 내 잘못이 아닌데 내가 느꼈던 수치심은
죄책감의 감옥에서 스스로 나오겠다는 각성과
고통의 굴레에서 스스로 벗어나는 연습과
자신이 상대보다 더 강한 존재로 상대에게 큰소리로 표현할 때
나에게서 상대에게로 떠나보낼 수 있습니다.

치유되는 방법

세부 감정에 대한 공감은

자신이 느끼는 감정이

당연한 감정이라고 이해 받으면 치유가 되고

존재 인식에 대한 통찰은

자신이 상대에게 어떻게 취급 받아서 힘들었는지

스스로 이해가 되면 치유가 되고

맞섬 표현의 행동은

두려운 상대에게 맞서 이김으로써

상대에 대한 두려움에서 벗어나 근본 치유가 됩니다.

감정 다루기

어린 시절

주 양육자가 자신에게 취했던 행동으로

버려져서 생존할 수 없을 것처럼 느껴지거나

가치 없는 사람으로 취급 당해 살 필요가 없다고 느꼈거나

무시 받아서 존재가 사라지는 것과 같은

실존적인 존재에 대한 두려움이 유발되고

그러한 두려움은 성장 과정에서 반복 강화됩니다.

주 양육자에 의해 강화된 심리적 위축은

성장하면서 청소년기까지 두려움의 대상이

자신에게 위협적인 친구 등 주변인들로 확대됩니다.

자아가 형성되기 전인 그 시절에는 두려움에 맞서 싸울 용기가 없어

아파도 아프다고 소리도 못 지르고 살지만

성인이 되어 자아가 형성된 후에 참다가 감정의 폭발로 이어진 행동은

미숙한 소통방식으로 좋은 관계를 방해합니다.

이러한 문제를 스스로도 잘 알고 있지만
한편으론 사람들 사이에서 살아남기 위해
자신의 감정보다 타인의 감정을 우선으로 삼고
그들의 감정에 맞추느라 자신을 잃어버립니다.

길을 잃고 갈팡질팡 마음이 막막해질 때는
포기하지 말고 그 순간 멈추어 서서
그 길을 함께 동행해 줄 주변 사람에게 도움을 요청해야 합니다.

잃어버린 자신을 찾아 떠나는 길은 고달프지만
스스로 아픔의 이유를 알고 정서 해소가 되면
자신의 감정은 자신의 것이고
상대의 감정은 상대의 것으로 분리가 되어
자신의 감정이 우선인 당당한 자신을 만날 수 있습니다.

자신의 감정은 자신의 것이니 자신이 책임지고
상대의 감정은 상대의 것이니 그 책임은 그의 몫입니다.
즉,
자신의 감정과 상대의 감정을 분리해서
오롯이 지금 자신의 감정에 충실해서
자신의 감정을 인정하고 수용하여 돌보아야 합니다.

심리적 불편감의 근원적 해소

심리적 불편감의 가장 밑바닥에는
어릴 적 감정이 일어난 특별한 사건에서
강자였던 사람이 했던 행동에 두려움을 느끼고,
그 두려움이 살아오면서 투사가 되어 나타날 때마다
다시 생존의 수단으로 바로 그 순간에
화, 우울, 불안과 같은 감정으로 나타나게 됩니다.

그러므로
화, 우울, 불안은 생존을 위한 표면적 감정이고,
근본 치료는 어린 시절 두려움을 심어준 상대에 대한
두려움을 없애야 하는 것입니다.

그러한 심연의 두려움을 제거하기 위해서는
어린 시절 두려움을 심어준 상대에 맞서서 이기는 경험을 해야 합니다.
이것이 상대에 대한 두려움에 맞서서 싸워 이기는 맞섬 표현입니다.

즉, 투사를 일으키는
상대의 눈빛, 표정, 행동 및 말의 톤, 말투, 말의 내용에 의해 생긴

상대에 대한 두려움을 없애고 나면 투사가 덜 일어나기 때문에
화, 우울, 불안과 같은 표면적 감정이 덜 일어나고,
일어나더라도 강도가 약해서 빨리 감정에서 빠져나오게 됩니다.
즉, 회복탄력성이 향상됩니다.

심리치료 후에도 재발이 일어나는 것은
불편했던 상황에서의 표면적 감정은 제거가 되었으나
투사를 유발한 어린 시절 권위자에 의해 형성된
심연의 실존적 두려움을 제거하지 못했기 때문입니다.

어린 시절 두려워서 하지 못했던 말을 지금 여기에서
큰 목소리로 표현해서 상대를 이기는 경험을 하게 되면
상대에 의해 생긴 두려움에서 완전히 벗어나는 것입니다.

두려움, 자책감, 자기연민 치유

어린 시절 주 양육자와 같은 권위자가 자신에게 행한
무시하는, 경멸하는, 표독스러운 등의 눈빛
비아냥거리는, 무서운, 경직되고 굳은 표정
혼낼 것 같은, 때릴 듯한 태도와 그러한 행동
무서운, 두려운, 얼어버릴 것 같은 높은 톤의 목소리
비아냥거리고, 비난하고, 한심해하는 듯한 뉘앙스의 말투
남과 비교하고, 무시하고, 비난하는 등의 말의 내용에 의해

권위자에게서 느끼는 두려움으로 인해
무섭고, 억압받고, 억울하고, 가치 없고, 무시 받고, 버려지고,
소외되고, 불안하고, 위축되고,
내 편이 없는 것과 같이 취급받은 상황에서
어쩌지 못하고 약자로서 느끼는 화, 우울, 불안과 같은
상대가 두려워서 말을 하지 못한 감정에 대해서는
큰소리로 표현하는 맞섬 표현을 통해 극복되지만

타인에 대한 죄책감에서 오는 자책감에 대해서는
상대에게 사과하는 행동과 그때 그 상황에서

자신도 어쩔 수 없었음을 분명하게 보고 인정하는 것이 중요합니다.

보다 구체적으로 자기 자신이 어떠한 상황에서
타인에게 미안하게 여기는 죄책감에서 오는 자책감은
먼저 상대에게 자신의 미안한 마음을 표현하여 사과하고
그러고 난 후
그 상황에서 자신은 어떤 처지였는지를 분명하게 보고
그 상황에서 어떻게 행동하였고,
그 행동이 자신에게 어떤 의미였는지를 먼저 알고,
또한 그때의 자신의 행동이 최선이었고
그렇게밖에 할 수 없었다는 것을 인정하고,
그러한 자신을 위로하는 것입니다.

한편,
타인에 의해 위축된 자신에 대한 연민은
자기 위로를 통해 치유가 됩니다.

그 당시의 어린 자신을 불쌍하고 안타깝게 여기는
연민의 감정에 대해서는
어린 자신에게 어떻게 행동하고 싶은지,
어떻게 위로하고 싶은지를 찾아서 그렇게 표현하는 것입니다.

이것이 자책감과 자기연민에서 벗어나는 방법입니다.

자존감 향상

자존감이란
타인의 인정이나 칭찬에 의한 것이 아니라
스스로 자기를 존중하는 마음입니다.

자존감이 낮아 있는 건
과거에 겪었던 고통스러운 상황의 감정 속에
마음이 갇혀 있기 때문입니다.

그 고통스러운 마음을
어떤 상황에서
어떤 감정을 느끼는지
그 상황에서 자신이 어떻게 취급받고 있다고 느끼는지
그렇게 취급당하는 것은 자신이 어떻게 될까 봐 두려운 건지
그때 상대가 어떻게 해주기를 바랐는지
그리고 상대에게 어떻게 행동하고 싶었는지

그 마음을 객관적으로 해체해서 분명하게 알고
그때 들었던 마음 현상을 당당하게 표현하게 되면

낮은 자존감으로부터 벗어날 수 있습니다.

그럼에도 불구하고
감정의 찌꺼기가 몸에 남아 있다면
그 느낌을 분명하게 알아차리고 평정심을 갖고 지켜봄으로써
완전히 해소할 수 있습니다.

이렇듯
자신의 고통이 어디에서 왔는지 분명하게 알고
그때의 마음을 당당하게 표현함으로써
자존감을 향상시킬 수 있습니다.

내 안의 내가 모르던 화

화는
자신보다 힘이 없거나 동등한 상대에게는 쉽게 표출하지만
자신보다 강한 사람에게는 밖으로 표출하지 못합니다.
그러므로 화를 낸다는 것은 그의 내면이 강하다는 것입니다.

반면에
불안이나 우울이 높은 사람은
상대가 무서워서 불안이나 우울이 자신을 먼저 압도하기 때문에
자신의 내면에 화가 있는 것조차 알지 못합니다.

상대에 대한 불안이나 우울이 어느 정도 제거가 되고 나면
그동안 내면 깊숙이 숨겨져 스스로 알지 못했던 화가
서서히 내면에서 올라와 비로소 화가 있음을 알게 됩니다.

내담자가 자신에게 불안이나 우울뿐만이 아닌
상대에 대한 화가 내면에 있음을 인식하게 되면
이미 자존감은 향상되어 상대에 대한 두려움을 극복하고
당당한 존재로서 서는 것이 멀지 않았음을 알리는 신호입니다.

치유의 변화

사람의 마음속에는
긍정과 부정 그리고 평온한 마음이 공존합니다.

즐겁거나 기쁜 마음이 들 때는 긍정의 마음이
화, 우울, 불안과 같은 감정이 올라올 때는 부정의 마음이
그리고
들뜨지도 가라앉아 있지도 않은 평온한 마음이 있습니다.

그 마음 중에
부정의 마음이 더 많이 차지하고 있기 때문에
부정적 감정을 자주 느끼면서 마음이 힘들다고 합니다.

이러한 부정적 마음을 줄이고
긍정적이거나 평온한 마음을 늘려가기 위해서는
부정적 마음을 제거하는 치유의 노력이 필요합니다.

긍정적이거나 평온한 마음은
부정적 마음이 치유가 된 만큼 그 자리를 대체합니다.

위로와 치유

사람은 누구나
마음속 깊은 곳에 아픔이 있습니다.

그들은
아픔에서 벗어나는 방법이
책 속에 있을까
저명인사의 강의 속에 있을까
끊임없이 아픔을 벗어나는 방법을 찾아서
여기저기를 돌아다닙니다.

어떤 사람은
그 아픔의 깊이가 얕아서
한 줄의 글과 한마디의 말이
위로가 되어 살아갈 힘이 생기지만
또 어떤 사람은
그 아픔의 깊이가 너무 깊어서
한 줄의 글과 한마디의 말이
그 순간에는 잠시 위로가 되는 듯하지만

살아가는 힘이 되기에는 부족하여
근본적 아픔에서 벗어나지는 못합니다.

그러한 아픔이 치유가 되기 위해서는
과거 경험한 구체적 상황에 대해서
그때 자신이 상대에게 어떻게 취급을 받았다고 느꼈기에 힘들어했
는지
자신의 마음을 분명하게 보고 그때의 감정이 해소가 되어야
비로소 치유가 되고 자유로워집니다.

잘하려고 너무 애쓰지 마세요

잘하려고 너무 애쓰지 마세요.

무엇이든 잘하려고 애를 쓰면
하는 것에 자꾸만 집착을 하게 되고
잘하려는 마음이 진전을 가로막아
결국, 마음의 괴로움으로 남습니다.

명상에서도 마찬가지입니다.

명상을 잘하려고 애를 쓰면
자연스러움을 가로막아 진전이 없습니다.
반면에
잘하려는 어떠한 의도도 없이 하게 되면
명상에 큰 진전이 이루어집니다.

어떠한 의도도 갖지 말고
해야 할 일이면 그냥 하세요.
모든 것은 이루어질 바대로 이루어집니다.

그러므로

잘하려고 너무 애쓰지 말고 그냥 하세요.

용서하려 하지 말고 먼저 이해하세요

용서하려 하지 말고 먼저 이해하세요.

어린 시절 자신을 힘들게 한 사람이 아버지, 어머니이기에
그 부모를 용서해야 하는데 사실은 용서가 안 됩니다.
억지로라도 용서하려니 마음이 너무 무겁고 힘이 듭니다.

그렇게 무겁게 용서하려고 하지 마세요.
원망스런 상대를 억지로 용서하려고 하면
마치 설익은 과일을 먹는 것처럼 떫고 아립니다.

이처럼 아직 때가 이르지 않았는데도
억지로 용서를 하려고 하면 마음에 충돌이 생겨
몸과 마음이 아파질 수도 있습니다.

그러니 용서하려 하지 말고 먼저 이해를 해보세요.

이해를 한다는 것은
먼저 자신이 상처가 되는 아픈 감정을 느꼈을 때

상대가 자신을 어떻게 취급했는지를 알아서

자신의 아픔의 원인이 충분히 이해가 되고 났을 때,

또한, 그때 상대는 어떤 마음이었을지를 아는 것입니다.

상대의 마음을 안다는 것은

그 당시 상대가 처한 상황이 얼마나 힘들었는지

상대도 어떻게 사랑해야 하는지를 배우지 못했고

상대도 사랑받지 못해 상처받은 내면 아이가 있다는 것 등등

그래서 자신에게 그렇게 행동할 수밖에 없었던 이유를 아는 것입니다.

진정한 용서는

자신의 마음을 아프게 한 사건 사건들에서

자신도 상대도 온전히 이해가 되었을 때

비로소 원망이 녹아내리고 나오는 마음입니다.

내 아이 자존감 높게 키우는 법

자존감이 낮은 사람은

어린 시절 주 양육자인 부모와 같은 권위자로부터

무시 받거나, 쓸모없는 사람 취급을 받거나, 버려지는 등의

화를 내는 부모의 행동에 의해 느꼈던 두려움으로 인해

억압되고, 억울하고, 위축되고, 내 편이 없는 것 같고,

무섭고, 불안했던 등의 감정을 느꼈던 경험이 많을 것입니다.

바로 그러한 부모에 대한 두려움으로 인해 내면 깊은 곳에는

무시 받게 되면 존재가 사라지는 것 같고

쓸모없는 사람 취급을 받으면 존재가 없어져야 될 것 같고,

버려지게 되면 허허벌판에서 어떻게 살아남을지 몰라 얼어버립니다.

이러한 두려움은

부모가 화가 났을 때 보이는

눈빛, 표정, 행동과 말의 톤, 말투, 말의 내용에 의해

어떤 이는 눈에 보이는 것에 취약하게 되고,

또 어떤 이는 귀에 들리는 소리에 취약하게 되어

성장하면서 타인의 눈에 보이는 것과 귀에 들리는 소리에서

투사를 일으켜 그 두려움을 느끼게 됩니다.

그로 인해
부모로부터 있는 그대로의 존재로서 존중받지 못하고 자란 사람은
자기 스스로 가치 없고, 쓸모없는 사람으로 여깁니다.
이것이 자존감이 낮아지는 이유입니다.

그러므로
자식의 자존감을 높이기 위해서는
어떠한 경우에도
자식이 두려움을 느끼지 않고 존중받고 있음을 느낄 수 있도록
자식을 배려하고, 있는 그대로의 존재로서 존중하여
절대로 화를 내지 않고, 따뜻하게 사랑을 주는 것이 중요합니다.
다만, 행동 교정이 필요한 경우에는
화는 내지 않고 단호하게 할 필요는 있습니다.

그러나
부모 역시 치유되지 않은 상처받은 내면 아이와
다양한 활동으로 인한 육체적, 정신적 피로
또는 자식의 미래가 걱정되는 자신의 불안 때문에
자식의 행동에 쉽게 화를 내고 있는 자신을 발견하게 될 것입니다.

결국, 자식을 자존감 높은 아이로 키우기 위해서는

부모가 화를 내지 않도록 스스로 마음의 여유를 가져야 합니다.
그러기 위해서는
육체와 정신의 피로가 쌓이지 않도록 잘 관리할 필요가 있고,
또한, 무의식에서 순간적으로 화가 올라오는 것을 방지하기 위해
상처받은 내면 아이를 되도록 빨리 치유하는 것이 필요합니다.

이렇게 할 때 비로소 부모의 마음에 여유가 생겨서
자식을 있는 그대로의 존재로 존중이 가능해져
자존감이 높은 아이로 키울 수 있습니다.

이것이
아이를 자존감 높게 키우는 방법입니다.

변화에 맞춘 단계적 기법 적용

자애 명상을 할 때 기도하는 순서가 있습니다.

첫째, 자기 자신의 행복을 기도합니다.
둘째, 가족과 가까운 사람의 행복을 위해 기도합니다.
셋째, 자신이 아는 사람의 행복을 위해 기도합니다.
넷째, 자신을 싫어하는 사람의 행복을 위해 기도합니다.

이렇게 기도하는 것은
자신이 행복해야 자신의 긍정에너지를 타인에게 줄 수 있기 때문입
니다.

인지정서 통합수용치료기법 상담에서
자신의 마음을 살펴보는 명상일지를 작성할 때도
마찬가지로 이러한 원리를 단계적으로 적용하고 있습니다.

먼저, 내담자가 자신의 마음을 찾아서 작성하도록 합니다.
그것은 그 상황에서
자신이 느낀 감정, 인식, 영향, 바램, 의도를 분리해서

상황을 객관화하여 바라보는 연습을 하는 것입니다.

그리고
어느 정도 내담자가 치유가 되었을 때
동일한 사건에서 상대는 어떤 마음이었을지
상대의 마음을 객관적으로 바라볼 수 있도록
상대의 마음을 찾아서 작성하도록 유도합니다.

마지막으로
내담자가 더욱 치유가 되고,
상대의 마음을 이해하는 것이 어느 정도 되었다고 판단될 때
내담자의 마음에 긍정성을 끌어올리고
상대와의 관계를 보다 적극적으로 개선하기 위해
일상 속에서 상대에 대한 감사한 일을 작성하고
상대에게 직접 표현하도록 권유합니다.

이렇게 내담자 변화에 맞추어서
내담자의 아픔을 먼저 치유하고
어느 정도 치유가 되면 관점을 전환하여
세상을 다른 관점에서도 볼 수 있도록 돕고
마지막으로 내담자의 긍정성을 끌어올려

행복하게 살 수 있도록 이끌어 나갑니다.

2장

치유 사례

오늘이 삶에 대한 기념일이 된 것 같아요.

나를 만나고 난 느낌이 생모를 만난 느낌이에요.

생명이 느껴지고, 할 수 있다.

부끄럽지 않다.

즐겁다.

신난다.

– 본문 중에서 –

화 감정

처음에는 화가 안 나오다가
소리를 지르면서 명료해졌어요.
그냥 화내는 거야. 이게 가장 분명한 길이야.
의로운 화는 명료하고, 나를 살려줍니다.

- 본문 중에서 -

무시 받는 화

어린 시절 방학 때 둘째 고모 집에 놀러 갔습니다. 아침에 고모가 챙겨
준 밥을 먹고, 사촌들이랑 연극 보러 갈 생각에 기분이 들떠 있었는데,
고모가 갑자기 스케줄 바쁘니까 집에 가라고 얘기를 하는 상황입니다.

"그 장면에서 나를 불편하게 하는 것은
눈에 보이는 것인가요? 귀에 들리는 소리인가요?"
눈에 보이는, 더러운 밥통 모습.
귀에 들리는, '빨리 집에 가라'는 말.

"그때 어떤 감정을 느꼈나요?"
속상하고, 무시 받는 화를 느꼈어요.

"그때 고모가 나를 어떻게 취급한다고 느끼셨나요?"
거절당한 느낌이었어요.

"거절당한다는 것은 어떤 의미인가요?"
무시 받는 느낌이고, 하찮은 인간이란 느낌이 들었어요.
하찮은 인간은 필요 없는 존재여서 처리되어야 되는 존재,

없어져야 되는 존재네요.

"그때 고모가 어떻게 해주기를 바라셨나요?"
상황을 설명해주고 미리 알려주기를 바랬어요.
그냥 믿고 동생들이랑 연극 보러 가게 도와줬으면 하고 바랬어요.
빨리 본인 일 보러 나가기를 바랬어요.

"그때 고모에게 어떻게 하고 싶으셨나요?"
정말 고모밖에 모르네요.
문전박대하냐?
이럴 거면 놀러 오라는 소리는 왜 했는데?
대체 나한테 왜 이래.
대체 왜 갑자기 가라고 하는데?
내가 그렇게 꼴 보기 싫어.
너 미쳤구나. 진짜 싸가지다.
몰상식하고, 비상식적인 사람이다. 이 미친년아.

"새롭게 알게 된 것에 대한 소감을 한마디 한다면?"
고모는 대학 교수인데 엄청 잘난 체했어요. 독선적이고, 욕심도 많고.
대구에서 부산까지 갔었는데 지금 생각해도 진짜 어이가 없네요.

미움의 화 1

어릴 때 집이 가난해서 새는 운동화를 신고 학교를 다녔어요. 어느 날 비가 오고 지붕이 새는데, 아버지가 집에 있으면서도 고치질 않아서 방 안으로 물이 떨어지고 있어요.

"그 장면에서 나를 불편하게 하는 것은
눈에 보이는 것인가요? 귀에 들리는 소리인가요?"
눈에 보이는, 지붕 물 새는 것.

"그때 어떤 감정을 느꼈나요?"
대책 없고 돌보지도 않는 아버지에 대한 미움의 화를 느꼈어요.

"그때 아버지에게 어떻게 취급받았다고 느끼셨나요?"
아버지의 관심이 딴 데 있는 것 같고, 거들떠보지도 않았어요.
버려진 느낌이 들었어요.

"버려진다는 것은 어떤 의미인가요?"
의욕도 떨어지고, 억울하고 화가 났어요.
삶이 신나지 않고 처지는 느낌도 들고.

아버지가 나를 포기하는 것 같았어요.

아니, 포기 되어지는 것, 학대, 자멸의 느낌이었어요.

"그때 아버지가 어떻게 해주기를 바라셨나요?"

물 떨어지는 것 확인하고 지붕을 고치기를 바랬어요.

신발도 새 것 사 주고, 용돈도 받고 싶었어요.

여유롭고, 즐겁고, 신나는 느낌을 저지당하지 않기를 바랬어요.

"그때 아버지에게 어떻게 하고 싶으셨나요?"

아빠 유원지 한 번 가요.

아빠 나 스키장 가고 싶어요.

용돈 좀 주세요.

일요일이면 나와서 고치지 뭐하고 있어.

신발 사주세요. 구멍 나서 물이 새요.

아빠 내 발 좀 봐. 신발 사 줘.

내 방이 갖고 싶어. 내 방 만들어줘.

"새롭게 알게 된 것에 대한 소감을 한마디 한다면?"

아버지도 돌봐 주지 않는 거는 폭력이다.

내 인생에서 전부가 아니고 지나가는 한 부분이다.

아버지에게 5학년이 받은 느낌으로 평생, 이제 속고 싶지 않아요.

내 속에 힘이 있구나.

소리의 강도가 아니라 분발할 수 있구나. 분발하면 힘이 나오는구나.

아빠의 패배감이 있었는데 5학년과 인생을 나누고 싶지 않다.

소리를 지른 게 내 안의 힘을 알게 되었어요.

강한 사람이 내 안에 있구나. 강해질 수 있다.

떨궈 내고 싶어요.

미움의 화 2

중학교 때 어느 날 엄마가 나를 대하는 태도가 약간 이상했어요. 그날 부터 나에게 거리를 두어서, 엄마가 동토의 북극처럼 다가갈 수가 없었어요. 나를 얼음같이 대했어요.

그러던 어느 날 준비물을 챙겨가야 해서 뭐가 필요하다고 얘기를 했는데 대답을 안 해요. 1시간을 기다리다가 짜증이 나서 옆에 가서 짜증을 냈어요. 그러자 아빠가 너는 왜 징징거리냐며 얼굴을 때리고는 방에 들어가고, 엄마는 가만히 있어요. 비는 내리는데 추녀 밑에 앉아 있는데 자꾸 눈물이 나요.

"그 장면에서 나를 불편하게 하는 것은
눈에 보이는 것인가요? 귀에 들리는 소리인가요?"
눈에 보이는, 대답 없는 엄마의 모습.

"그때 어떤 감정을 느꼈나요?"
미움의 화를 느꼈어요.

"그때 엄마가 어떻게 취급한다고 느끼셨나요?"
벽 같다. 반응 없는 벽. 벽에게 기대 있었구나.

징징거린 거는 나를 봐 달라는 거였는데.

"반응 없는 벽 같다는 것은 어떤 의미인가요?"

말하지 말라. 가만히 있어라. 익숙하잖아.

나 피곤하니까 건드리지 마. 너는 항상 가만히 있어야지.

욕구, 판단, 느끼지 마. 말하지 마. 표현하지 마.

없는 존재였어요. 절망스럽고 기대가 없구나.

혼자되는 느낌. 보호받지 못한다. 버려진다. 굶겨 죽는다. 무서움이
에요.

"그때 엄마가 어떻게 해주기를 바라셨나요?"

그래. 그래. 내가 신경 못 썼는데 뭔데?

그런 게 필요하구나. 요것만 하고 요기 올려놓을게.

적극적으로 들어주고, 반응해서 응답해 주기를 바랐어요.

"그때 엄마에게 어떻게 하고 싶으셨나요?"

내가 괴로워요. 내 말을 들어줄 때도 되지 않았어?

오래 기다린 내게 반응을 보여봐.

내 말을 적극적으로 들어줬으면 좋겠어.

내가 거기서 기다리면서 힘들다고 표현하잖아.

섬에 갇힌 사람 같았어요.

당신은 나를 부르지 않았고, 아무 관심을 가지지 않았어.

욕구는 말할 수 없었어.

"새롭게 알게 된 것에 대한 소감을 한마디 한다면?"

그날은 최초로 마음에 구멍이 뚫려서 바람이 들어오던 날이에요.

집에 들어가기 싫었어요. 50대인 지금까지.

모멸감이 느껴지고, 외로우면 동떨어진 느낌이 들었어요.

차별당하는 화

나는 8살 많은 오빠와 9살 어린 여동생이 있는 둘째입니다. 오빠는 첫째 아들로 늘 대접받고 살고, 동생은 막내라고 항상 사랑을 독차지하고 살아왔습니다.
어린 시절 어느 날, 엄마가 쟁반에 우유 한 잔과 초콜렛을 담아서 동생에게 가져다주는 장면이 나를 불편하게 합니다.

"그 장면에서 나를 불편하게 하는 것은
눈에 보이는 것인가요? 귀에 들리는 소리인가요?"
눈에 보이는, 쟁반의 우유 한 잔과 초콜렛을 든 엄마의 행동.

"그때 어떤 감정을 느꼈나요?"
차별당하고, 무시당하는 화와
배신당해서 안타까운 우울이 느껴져요.

"그 상황을 어떻게 받아들였나요?"
동생만 보이고 나는 안 보이는 존재.

"안 보이는 존재는 어떤 의미인가요?"

나를 애정하지 않는구나.

기댈 수 없는 대상으로 외롭고 고독해져서

인정을 못 받고 홀로 서 있는 느낌.

지치고 쓰러져도 아무도 보듬어주는 사람이 없어서 불쌍해요.

"그때 엄마가 어떻게 해주기를 바랬나요?"

그래 지금 갔다줄까?

아이고, 니 거를 깜빡했네.

"그때 엄마에게 어떻게 하고 싶으셨나요?"

지금 내 기분이 어떨 거 같애?

매사에 이렇게 하니까 동생이 언니를 무시하잖아!

왜 다르게 취급해. 동등하게 대해줘!

차별하지 마!

나를 배신하지 마!

나한테 왜 그랬어! 나한테 상처 주지 마!

사과해!

"새롭게 알게 된 것에 대한 소감을 한마디 한다면?"

형제들 사이에서 차별을 많이 받아서

사랑받고 인정받으려고 너무 많은 애를 쓰고 살았네요.

반발심의 화

직장의 1년 선배가 내가 업무를 잘못한다고 한심하다는 듯이 보는 표정에 화가 올라왔어요.
그런 느낌의 어렸을 때 기억을 떠올려 보니 구체적 사건은 기억이 안 나는데, 누나가 내가 잘못한 것 같지도 않은데 나를 많이 질책하는 장면이 떠오르네요.

"그 장면에서 나를 불편하게 하는 것은
눈에 보이는 것인가요? 귀에 들리는 소리인가요?"
눈에 보이는, 나를 째려보는 누나의 표정.

"그때 어떤 감정을 느꼈나요?"
너도 똑같이 못하잖아 하는 반발심의 화.

"그때 나는 어떻게 취급받았다고 느꼈나요?"
나는 가족에 도움이 안 되는 쓸모없는 존재라고 느꼈어요.

"쓸모없는 존재는 어떤 의미인가요?"
가족에게 피해를 주는 존재. 존재 가치가 없어요.

그런 존재는 버려질 것 같고, 없어져야 될 것 같은 존재에요.

결국은 버림받고 살 수 없을 것 같아요.

"그때 누나가 어떻게 해 주기를 바랬나요?"

그렇게 사납게 안 보고, 표독스럽게 안 봤으면 좋겠어요.

그렇게 사납고 공격적으로 얘기 안 했으면 좋겠어요.

쓸모없다는 듯이 얘기 안 해줬으면 좋겠어요.

도움이 안 된다는 듯이 얘기 안 해줬으면 좋겠어요.

무섭게 얘기 안 했으면 좋겠어요.

다 내 잘못인 듯 그렇게 얘기 안 했으면 좋겠어요.

"그때 누나에게 어떻게 하고 싶으셨나요?"

그렇게 사납게 째려보지 마. 나한테 뭐라 하지 마.

무섭게 달려들지 마. 덤벼들지 마.

너도 똑같잖아. 너도 잘못하잖아. 그만해.

내가 잘못한 것도 없잖아.

그렇게 한심스럽게 보지 마. 똑같이 못하잖아.

쓸모없다는 듯이 얘기 하지 마.

넌 뭘 그렇게 잘났냐? 너나 잘해.

그렇게 한심스럽게 보지말고 너나 잘해.

나를 존중해. 나는 그렇게 대접받을 일 없어.

그만해. 그만하라고.

"새롭게 알게 된 것에 대한 소감을 한마디 한다면?"
선배에게서 느끼는 불편감이
아버지한테 느끼는 불편감인 줄 알았는데
누나한테서 기인한다는 게 뜻밖이네요.
반발심, 불편한 느낌 등 복합적인 느낌이
선배와 누나가 같은 거 같아요.
둘 다 지적 잘하고, 부모님이나 상사의 말을 인용해서 얘기하고
한심하다는 듯이 보는 표정까지 똑같네요.

강요당하는 화

어린 시절 술 취한 아버지를 재우기 위해서 다리를 주무르고 있는 장면
이에요.

"그 장면에서 나를 불편하게 하는 것은
눈에 보이는 것인가요? 귀에 들리는 소리인가요?"
손에 닿는 단단한 촉감.

"그때 어떤 감정을 느꼈나요?"
만지기 싫은 걸 만져야 하는, 강요당하는 화.

"그 상황을 어떻게 받아들였나요?"
강요당하고 있다고 느꼈어요.

"강요당한다는 것은 어떤 의미인가요?"
하기 싫은데 해야 하는 것.
상황을 무마하는 것.
그 상황이 나에게 강요하는 것 같아요.

"그때 아버지가 어떻게 해주기를 바랬나요?"
빨리 잤으면 하고 바랬어요.

"그때 아버지에게 어떻게 하고 싶으셨나요?"
저 개새끼. 너는 짐승이야. 너 때문이야.

내 인생이 날아갔어.

너는 인간도 아니야.

내가 너무 억울해.

나를 그 이전으로 돌려줘. 제발~

내 억울함을 알아주는 사람이 없어.

"새롭게 알게 된 것에 대한 소감을 한마디 한다면?"
힘든 걸 몰라주니까 억울했는데
'내가 나를 사랑할 줄을 몰랐구나.' 싶네요.
항상 알아주기를 바랐던 것을 알게 되었어요.

분노의 화

어린 시절 아버지가 술에 취해서 잠을 안 재워주고, 모기장 안에 아버
지가 누워서 지껄이고 있고 나는 아버지 다리를 주무르고 있어요.

"그 장면에서 나를 불편하게 하는 것은
눈에 보이는 것인가요? 귀에 들리는 소리인가요?"
귀에 들리는, 지껄이는 소리.

"그때 어떤 감정을 느꼈나요?"
분노의 화.

"그 상황을 어떻게 받아들였나요?"
절망, 배설.

"절망은 어떤 의미인가요?"
자기 욕망을 푸는 것.
자기 감정을 배출하는 것.
화장실 같은 취급을 받는 것.
나라는 존재는 없었어요.

"그때 아버지가 어떻게 해주기를 바랐나요?"

자게 해주었으면 하고 바랐어요.

"그때 아버지에게 어떻게 하고 싶으셨나요?"

죽어버려라.

자고 싶어요. 빨리 자요. 제발.

입 다물어.

"새롭게 알게 된 것에 대한 소감을 한마디 한다면?"

아버지 다리를 주무르고 있는데

새벽이 되어 문에 밝은 빛이 비쳤어요.

새벽까지 잠을 못 자니까 정말 절망스러웠어요.

아~

그래서 내가 새벽에 일어나기가 그렇게 힘들었나 봐요.

무시당하여 억울한 화

나는 극도의 스트레스를 받으면 팔이 뻣뻣해지는 증상이 있습니다. 고등학교 때 큰아버지 집에서 생활했는데, 제법 공부도 잘하고, 3학년 때는 은행에 취직도 한, 큰아버지에게는 자랑스러운 조카였습니다. 은행 취직 후 2달 만에 큰아버지에게 말도 없이 그만두자 큰아버지가 화를 내면서 나를 비난하는 장면입니다.

"그 장면에서 나를 불편하게 하는 것은
눈에 보이는 것인가요? 귀에 들리는 소리인가요?"
귀에 들리는, 나를 비난하는 투의 큰아버지 목소리.

"그때 어떤 감정을 느꼈나요?"
무시당하여 억울한 화.

"그때 큰아버지가 나를 어떻게 취급한다고 느끼셨나요?"
내가 배신자가 된 것 같은 느낌이 들었어요.

"배신자가 된다는 것은 어떤 의미인가요?"
은혜도 모르는 못된 애가 되는 나쁜 사람.

은혜도 모르는 수치스러운 사람.

버림받을 것 같은 느낌으로 혼자가 되는 것.

슬픔에 젖어 있을 것 같아서 감당하기 힘든 고통이 있을 것 같은.

알 수 없는 불확실한 불안감이 휩싸이는 것.

"그때 큰아버지가 어떻게 해주기를 바랐나요?"

또 다른 데 취직하거나 대학 가라고 격려해 주기를 바랬어요.

괜찮다고, 힘내라고 위로해 주기를 바랬어요.

"그때 큰아버지에게 어떻게 하고 싶으셨나요?"

같이 화내고 소리 지르면서 대들고 싶었어요.

고민 많이 했고, 죽어도 못해. 큰아버지가 대신해.

인상 쓰지 말고 조용히 말해.

큰엄마 괴롭히지 마. 가족들이 힘들어.

왜 그렇게 사람이 변했냐?

"새롭게 알게 된 것에 대한 소감을 한마디 한다면?"

큰아버지에게 상의 없이 은행을 그만둔 것이

나를 키워준 큰아버지에 대해 은혜도 모르는 배신자가 된 것 같았고

마음 내면에는 배신자가 되면 버림받을 것 같은 느낌이 있었네요.

큰아버지는 원래 자상하신 분이었는데

아프고부터 짜증도 많아지고 안쓰럽네요.

짜증나고 억울한 화

어린 시절 아버지가 술 마시고 잠을 안 자고 있어서 아버지 다리 주무르고, 재우려고 하는 장면입니다.

"그 장면에서 나를 불편하게 하는 것은
눈에 보이는 것인가요? 귀에 들리는 소리인가요?"
주무르고 있는 다리의 느낌.

"그때 어떤 감정을 느꼈나요?"
짜증나고, 무력하고, 답답하고, 슬프고, 억울한 화.

"그 상황을 어떻게 받아들였나요?"
통제가 안 된다.

"통제가 안 된다는 것은 어떤 의미인가요?"
내 존재의 무력감. 쓸모없음.
가치가 없고, 할 수 있는 게 없음.
내가 주체가 아니고 객체.
내 존재가 없음, 존재가 되지 못함.

"그때 아버지가 어떻게 해주기를 바랬나요?"
아버지가 술을 먹어도 그냥 잠을 자면 좋겠어요.
내가 편히 잘 수 있기를 바랬어요.

"그때 아버지에게 어떻게 하고 싶으셨나요?"
제발 술을 먹어도 나를 괴롭히지 마세요.
나 정말 힘들어요. 아버지를 죽이고 싶어요.
살고 싶으니까 괴롭히지 마세요.
죽을 만큼 힘들어요.
이 고통에서 벗어나게 사과하세요.
"미안하다고, 잘못했다고."

"새롭게 알게 된 것에 대한 소감을 한마디 한다면?"
이제는 패턴을 끊어야 되겠다 싶어요.

원망스런 모멸감의 화

초등학교 4학년 때 엄마가 아이를 유산하고 분노하고 있어요. 나를 다그치고, 야단을 쳐요. 제일 강하고 무서웠는데, 혼나니까 조급해지고 그 아픔이 트라우마로 남았어요. 그리고 또 혼날까 봐 걱정도 되는 모멸감도 느껴져요.

토요일이었는데, 아빠가 몇 달 만에 집에 왔어요. 엄마는 분주하고 나보고 특정 장소에 가서 기다리라고 하면서 나에게 화를 내요. 쓸데없다고 뭐라고 하면서.

"그 장면에서 나를 불편하게 하는 것은
눈에 보이는 것인가요? 귀에 들리는 소리인가요?"
귀에 들리는, '알아서 하라'는 소리.

"그때 어떤 감정을 느꼈나요?"
원망스럽고 모멸감이 느껴지는 화.

"그때 엄마가 어떻게 취급한다고 느끼셨나요?"
존재감을 짓누르는 것 같고, 죽고 싶었어요.
모멸감과 비참함에 배에다가 칼을 갖다 댔어요.

"모멸감을 받는다는 것은 어떤 의미인가요?"
얼굴을 할퀴고 지나가는 느낌. 존재감을 짓누르는 느낌이에요.
깊은 아픔, 함부로 대하나? 자식이 아닌가?
발에 때만큼도 생각하지 않아요.
인간 이하, 가족이 아니에요. 막 대해요.

"그때 엄마가 어떻게 해주기를 바라셨나요?"
구두도 사고 싶었고, 원피스도 입고 싶었고, 내가 원하는 부모님과
유원지도 가기를 바랐어요.

"그때 엄마에게 어떻게 하고 싶으셨나요?"
그가 원하는 대로 보란 듯이 죽어주고 싶었어요.
너가 펑펑 울도록 내가 죽어주는 것.
저주하고 싶었어요. 지구 끝으로 떨어져. 얼어붙은 땅으로 떨어져라.
화나는 말로 그 여자를 야단치고 싶었어요.
생각 좀 해봐. 애한테 뭘 원하는 건데. 애한테 너는 애가 안 보이니?
왜 나를 혼내? 혼내지 마!

"새롭게 알게 된 것에 대한 소감을 한마디 한다면?"
소리치는 게 효과가 있는지 알겠고, 풀어서 얘기를 하니까 내 잘못
이 아닌 걸 알겠어요.

억울하고 모멸감을 느끼는 화

지난주에 3개월 전의 일로 친구가 그때 왜 그랬냐고 물어보는데 엄청 힘이 들었어요. 마치 고문받는 느낌도 들어서 기분도 상하고 무서운 불안이 느껴졌어요. 그때부터 몸이 아프고, 손발도 차가워지고, 으슬으슬 춥고, 천정이 무너지는 것 같은 어지럼증이 생겼습니다.

이런 느낌과 같은 어린 시절의 기억을 찾아보니, 어릴 때 아빠는 1년에 몇 번만 집에 왔는데, 우리가 뭘 잘못했다고 문밖에 쫓아냈어요. 추운 겨울이었는데, 너무너무 추운데, 밤 11시쯤에 밖에는 바람이 부는데 동생과 함께 옷도 벗겨진 채로 쫓겨나서 20~30분간 쪼그려 앉게 했어요. 지나가는 사람이 보는데 내가 뭘 잘못한 게 없는데, 아빠는 집에만 오면 애들을 잡았어요.

"그 장면에서 나를 불편하게 하는 것은
눈에 보이는 것인가요? 귀에 들리는 소리인가요?"
귀에 들리는, 공포스러운 높은 톤의 목소리.

"그때 어떤 감정을 느꼈나요?"
억울하고, 괴롭고, 슬픈 모멸감의 화를 느꼈어요.

"그때 아빠가 어떻게 취급한다고 느끼셨나요?"

바닥에 붙은 껌처럼 너무 짓밟는다는 느낌.

"짓밟힌다는 것은 어떤 의미인가요?"

사라져. 없어져라.

죽어라. 꺼져라.

그래 죽지 뭐. 그런 마음이 들었어요.

"그때 아빠가 어떻게 해주기를 바라셨나요?"

오랜만에 왔기 때문에 따뜻한 밥이나 국을 줬으면 하고 바랬어요.

사랑한다고 말해주기를 바랬어요.

아빠가 세상을 다니면서 무엇을 봤는지 스토리처럼 얘기해주길 바랬어요.

"그때 아빠에게 어떻게 하고 싶으셨나요?"

너는 아빠도 아니야.

오랜만에 와서 어떻게 학교 잘 다녀? 친구 많아? 뭐 먹고 싶어? 이런 걸 안 물어봐.

야이 개새끼야. 니가 아빠냐?

네가 돌봐 주지도 않는 게 뭐가 아빠야?

오랜만에 와서 애들이랑 웃으면서 지내면 안 돼?

나쁜 새끼 아빠 같지도 않은 게.

지금 보니 너무너무 아픈 기억이었어.

너는 나와서 쳐다도 안 봤어. 잘 있는지. 이제 와서 너를 아빠라고 부르라고?

내가 필요할 땐 넌 안 왔어. 그냥 와서 소리만 지르고.

"이것도 못하는 게, 너네들이 무슨 인간이야. 사람 같지도 않은 게. 둘 다 모자라는 건 똑같애. 나가서 들어올 생각 마!"

니가 그랬잖아.

야. 너 술 먹고 뭔가 되겠다고 뻐기고 다닐 때 나는 내복도 없이 동상도 걸리고 얼마나 추웠는지 알아?

네가 연필을 사준 적 있어? 공책을 사줬어?

니 손에는 회초리만 들고 왔어.

너는 올 때 분노와 회초리를 들고 왔어.

이놈들 잡아야 되겠다고 하면서…

내가 너무 성질나서 내가 먼저 나왔어. 개새끼야.

넌 인간도 아니지. 난 너무 슬프고 고통스러웠어. 서러웠다고.

내가 고생한 건 아무것도 아니야.

우리 새끼들 고생했다고 좀 안아주면 안 돼?

애들은 먹을 게 없어서 손 빨고 있는데,

보일러도 안 되는 집에서 벌벌 떨고 있는데 안 보여?

따뜻한 아버지이기를 기다렸어. 이제 보니 아니네.

그래도 막연한 기다림이라도 난 기다렸어.

난 너 없이도 살 수 있어. 너는 안 필요해.

나는 기둥 같은 아버지가 되어주기를 바랐어.

가난해도 말로라도 호빵이라도 사오는 아버지이길 바랐어.

왜 그런 추억을 주지 못하는데?

너는 안 필요해. 지금 보니 안 필요해.

나는 내가 20살 때, 네가 죽었을 때 보낼 수가 없었어.

그런데 그런 인간이 아니었네.

정말 헤아릴 줄 알고, 베풀 줄 아는 인간이 아니었네.

얼마나 원통하고 슬펐는지 알아?

내가 너를 탈탈 털어낼 거야. 너 같은 인간은 필요없어.

내가 기다린 아버지는 행여나 반찬 사올까, 행여나 공책 사올까, 그런 아버지였어.

그런데 네가 오는 날 우리는 울어야 했어. 너는 너밖에 몰랐어.

사랑하지 않고 소리 빽빽 지르고.

네가 오면 얼마나 무서웠는지 알아?

너 마누라만 있을 때도 힘들었는데 왜 네가 오면 우린 또 얼어붙어야 되니?

올 때마다 대화는 안 했어. 지나가는 아저씨 같았지. 지나가는 폭군 같았지.

기둥이 되어주기를 바랐는데 넌 나의 기둥이 되어주지 못했어.

서럽고 외로움에 믿고 바라는 게 실상이라고 바라고 있는 게 애착인가봐.

많이 그리워했어. 많이 웃을 수 있는 아버지이길 바랬어.

외로움이 거절당할 때 왜 그렇게 아빠의 정을 채우려고 했는지 내가 바보였어.

너무너무 슬프고, 나는 아빠의 정을 채우려고 한 게 해프닝으로 끝나는 줄 알았는데 많은 아픔이 묻어 있는 줄 오늘에야 알았어.

너 없이도 잘 살아 줄 거야. 잘 살아갈 거야. 그냥 그러려니 하고 살 거야.

누가 아버지로서 채워줄 수가 있겠어? 접을 건 접어야지.

근데 나는 있잖아. 단 한 가지 간절했어.

간절했던 것만큼 마음이 아파.

가슴이 아파. 가슴이 무너져 내리는 것 같아.

아버지의 빈자리는 채워지지 않아.

왜 그렇게 간절했을까. 눈물이 나요.

간절한 것만큼은 버리지 않고 있었던 것 같아요.

"새롭게 알게 된 것에 대한 소감을 한마디 한다면?"
감정을 나라고 생각했기 때문에 내려놓지 못하고 항상 끌고 다녔던 것 같아요.

간절. 그걸로 안정감을 찾으려고 하지 않았나?
아버지가 그런 사람이구나 하고 단면을 정확하게 본 것 같아요.

간절함은 그런 거구나.

이제 너를 그리워하지 않겠다는 것도 진실이고,

간절함을 어딘가에 붙이고 있었는데, 이제 책에다 붙이고 싶고, 친구와 편안한 대화에 에너지를 가져가고 싶어요.

이걸로 귀가 그렇게 아팠고, 아버지와 시간 여행을 간 것 같아요.
사실 그 친구 때문이라 생각했는데, 가장 중요한 아버지를 보는 시각을 보게 한 시간이 된 것 같아요.

이제는 아버지에 대한 간절함을 채울 필요가 없겠다. 감정을 내려놓는 시간이 된 것 같아요.
간절함이 조명 받지 못하다가 이번에 깨진 것 같아요.

억울하고 답답하고 빡치는 화

절에 갔다가 나서는데 주지 스님이 나를 보고, "보살님~ 힘 좀 빼세요
~"라고 하시는 말씀이 나를 불편하게 해요.

"그 장면에서 나를 불편하게 하는 것은
눈에 보이는 것인가요? 귀에 들리는 소리인가요?"
귀에 들리는, '힘 좀 빼라'는 소리.

"그때 어떤 감정을 느꼈나요?"
억울하고, 답답하고, 억압받는, 빡치는 화.

"그때 스님이 나를 어떻게 취급한다고 느끼셨나요?"
나를 알아주지 않는다는 느낌과
나를 억압하는 느낌을 받았어요.

"알아주지 않는다는 것과 억압받는 느낌은 어떤 의미인가요?"
나를 알아주지 않게 되면 외로워요.
아무도 나를 모른다는 게 무섭기도 하고
존재가 흩어지는 것 같아요.

내가 억압받는다는 것은 몸과 마음이 눌려지는 것이고
숨 쉴 수 없고, 사는 게 불편하고 힘들고, 살지 못할 수도 있는 거예요.

"그때 스님이 어떻게 해주기를 바랬나요?"
칭찬은 바라지도 않는데
그냥 수고했다고, 그냥 잘하고 있다고 말해 주길 바랬어요.

"그때 스님에게 어떻게 하고 싶으셨나요?"
스님은 갖춰져 있기 때문에 갖춰져 있지 않은 사람의 마음을 모르는 것 같아요.
내가 힘을 주고 있는 이유는
힘을 빼면 다칠까 싶어서, 내가 믿고 의지할 데가 없기 때문이에요.
스님도 저에 대해서 안다고 하지 마세요.
안다고 한 사람 모두 상처를 줬어요.
안다는 말이 상처의 신호에요.

'힘 빼라'는 소리는 나보고 죽으라고 하는 말이에요.
살기 위해서 힘을 주고 살았는데 힘 빼라는 건 나보고 죽으라는 것이에요.

"새롭게 알게 된 것에 대한 소감을 한마디 한다면?"
내가 힘주는 이유는 겁쟁이고 나약하다는 것을 숨기고 싶어서네요.
겁이 나니까 움츠러들고, 움츠러드니까 굳어 있고,

굳어 있으니까 오해받고, 오해받으니까 이중으로 상처를 받아요.
그러고 보니 무서워서 힘을 주고 있었네요.

힘 빼라는 말에 억울하고, 슬프고, 화가 났는데
내가 정말 방어를 많이 하고 있었구나 싶고
스스로 힘이 들 수밖에 없었구나.
너무 애쓰지 말자. 안 되는 걸 받아들이자.

상담을 하면 할수록 가벼워지는 게 있어요.
상담 받고 난 후에 찌꺼기가 많이 사그라들었고
이제는 그 구덩이를 어떻게 다시 잘 메꿀까 생각하고 있어요.

답답하고 갑갑한 화

어렸을 때 친구들은 저만치서 놀고 있고 나는 혼자서 멀리서 쭈그리고 앉아서 땅을 쳐다보면서 고개를 숙이고 낙서하는 척하고 있는 장면입니다.

"그 장면에서 나를 불편하게 하는 것은
눈에 보이는 것인가요? 귀에 들리는 소리인가요?"
눈에 보이는, 혼자 있는 내 모습.

"그때 어떤 감정을 느꼈나요?"
답답하고 갑갑한 화.

"그때 나는 어떻게 취급받았다고 느꼈나요?"
눈에 띄지 않으니까 안중에도 없는 존재라고 느꼈어요.

"안중에도 없는 존재라는 것은 어떤 의미인가요?"
내 다리 밑에 단단한 땅도 없고 내 발도 보이지 않아요.
흙에서 내가 씨앗이라면 싹이 트지 않을 것 같아요.
싹이 나지 않는 씨앗이라는 거는 그냥 불량품. 존재가 아니잖아요.

존재를 논할 게 없어요.

"그때 친구들이 어떻게 해 주기를 바랐나요?"
내 이름을 불러주기를 바랐어요.
내가 멀리 있다는 것을 알아주기를 바랐어요.
내가 부끄러워서 다가가지 못한다는 것을 알아주기를 바랐고
내가 있다는 것을 알아주기를 바랐어요.

"그때 친구들에게 어떻게 하고 싶으셨나요?"
그 무리에서 내가 믿고 부를 사람이 없어요.
야! 나도 같이 할 거야. 준비해 놔.
너희들은 왜 나를 안 불렀니? 내가 안 보였어?
자꾸 그러면 내 서운해서 삐긴다.
나 성질나면 성질 더러워. 그러니까 제일 먼저 부르란 말야.
내가 안 보여? 내가 이렇게 큰데 왜 안 보여!
나도 같이 놀고 싶단 말이야. 왜 나를 안 불러. 나를 왜 안 끼워줘.
앞으로는 나 왕따시키지 마. 내 자리 비켜 나도 같이 할 거야.
안 보이는 것처럼 없는 것처럼 대하지 마!

"새롭게 알게 된 것에 대한 소감을 한마디 한다면?"
그동안 애정 결핍을 밖에서 채우려고 했는데
내가 나를 채워야 하는 것을 알게 되었어요.
예전보다 많이 나아진 것 같아요.

억울하고 슬픈 화

직장에서 부당하고 공평하지 않을 때 나는 차별받을 때 못 참아요. 부서 전체 카톡에서 입사 동기를 칭찬하는 글이 올라와서, '저도 실적 있는데요'라고 했더니 '아~' 하는 답변에 저의 진정성을 이해받지 못해서 화가 났어요.

이런 느낌과 같은 어린 시절의 기억을 찾아보니, 8살 때인데 어떤 상황인지 구체적으로 생각은 나지 않아요. 다만 엄마가 나보고 "나는 너 속까지 들어갔다 나왔어"라며 하는 말만 생각나요. 그 생각만 나면 나의 진정성을 이해받지 못한 것 같아서 화가 나서 참을 수가 없어요.

"그 장면에서 나를 불편하게 하는 것은
눈에 보이는 것인가요? 귀에 들리는 소리인가요?"
귀에 들리는, "나는 너 속까지 들어갔다 나왔어"라는 말.

"그때 어떤 감정을 느꼈나요?"
억울하고 슬픈 화를 느꼈어요.

"그때 엄마가 어떻게 취급한다고 느끼셨나요?"
감정, 사고가 통제 안에 있다는 느낌.

94

"감정, 사고가 통제 안에 있다는 것은 어떤 의미인가요?"

조종당하는 인형, 컨트롤 당하는 로봇.

무가치한, 생명 존중이 없어요.

존재에 대한 부정이죠.

그건 네가 틀렸고, 잘못됐어.

그래서 너의 판단과 사고를 거절한다는 의미죠.

굉장히 슬프고, 낙심되고, 가치가 없구나.

내 사고는 말할 게 아니구나.

"그때 엄마가 어떻게 해주기를 바라셨나요?"

어린이의 있는 모습 그대로 봐 주기를 바랐어요.

"그때 엄마에게 어떻게 하고 싶으셨나요?"

내가 왜 당신 꼭두각시야. 네가 뭐라고 한들 내가 왜?

나의 사고와 생각을 네가 뭔데 좌우하겠다는 건데.

내가 너 꼭두각시냐? 내가 너의 인형이냐?

내가 그것 땜에 얼마나 긴 시간을 컨트롤 당하고 살았는지 알아?

내가 엄마를 거절하고 싶었어. 몽둥이로 치고 싶었어.

너는 머저리야. 바보야.

내 생각마저 끊어진 건 아니야. 저 바보, 병신, 머저리.

나는 네가 없어졌으면 좋겠어. 사라졌으면 좋겠어. 네가 얼른 증발됐으면 좋겠어.

있는 그대로 보지 못하는 너. 네 멋대로 생각하는 너.

나는 네가 증발됐으면 좋겠어. 사라져 줘. 엄마도 아니야.

당신이 없어졌으면 좋겠어.

뻔뻔스럽게 거짓말을. 애를 농락하고 이용하고 있어.

나는 그게 증오스러웠어. 너무 더러워.

냉혈인간. 남의 아픔으로 일어나려고 하는 너.

겉에는 늑대 같은 발톱을 보이지만, 속은 세 살 어린이들이 하는 짓거리를 하고 있어.

나 때문에 망쳤다고? 거짓말. 나는 나를 잃어버렸어.

깡통의 부패한 썩은 음식 같아.

그 말이 무슨 뜻인지 생각이나 하고 말을 하니?

내가 편히 자지 못하는 습관이 생겼어.

다리가 안 펴지지. 난 집이 안 편했어. 집에 있으면 힘들었어.

나에 대해서 한 번이라도 궁금해하고, 얘기 꺼내준 적 있어?

나는 마음을 둘 데도 없어. 나를 조정했잖아.

증오심이 생겼어. 집에 있으면 힘들어. 불편해.

느낌과 감정을 못 느끼게 하는 위협적인 언어.

공평하지 않은 것. 그대로 받아들이지 않은 것.

"새롭게 알게 된 것에 대한 소감을 한마디 한다면?"

편안하면서, 많이 편한 것 같아요.

저는 생각에 공평해야 된다고 생각하는 것 같아요.

옛날에는 아무도 없었는데 요즘은 얘기 나눌 사람이 있어서 나를 북돋워줘요.

에너지를 뺏어오는 마음, 나의 힘으로 전환하는 느낌이 들어요.

생활양식을 바꿔야겠다. 내 주변에 사람이 있구나.

머리가 맑아진 느낌이 들어요.

머리끝까지 뻗치는 원통한 화

나는 나르시스트가 힘들어요. 직장 상사가 나르시스트에요. 엄마도 나르시스트예요. 엄마도 내 말을 듣지도 않고 무시했어요.
7살 때의 일이었어요. 엄마가 일 나가면서 물 길어서 통에 부으라고 했는데, 바케스를 엎질러서 물을 다 쏟았어요. 엄마가 들어오면서 "아무짝에도 쓸모없다."고 소리를 쳤어요.

"그 장면에서 나를 불편하게 하는 것은
눈에 보이는 것인가요? 귀에 들리는 소리인가요?"
귀에 들리는, "아무짝에도 쓸모없다."는 말.

"그때 어떤 감정을 느꼈나요?"
나는 머리끝까지 뻗치는 감당할 수 없는 원통한 화를 느꼈어요.

"그때 엄마가 나를 어떻게 취급했다고 느끼셨나요?"
아무짝에도 쓸모없는 사람 취급 받았어요.

"아무짝에도 쓸모없다는 것은 어떤 의미였나요?"
내가 없어져야 된다는 것, 필요 없다는 것이며

사라지고, 공개 처형당해야 하는 것이었어요.

"그때 엄마가 어떻게 해 주기를 바랐나요?"
혼자서 기다리는 게 더 힘들었어요.
엄마가 집에 와서 기다리는 나를 보고 '눈 빠지게 기다렸구나.
물도 하라고 했더니 해 놓았네.' 하고
아이가 한 만큼 인정을 해 줬으면 하고 바랐어요.
나는 최선을 다한 건데……

기다릴 때 외로웠고, 슬펐고, 배고프니까 물 먹으면서 기다렸는데,
솥뚜껑을 열고 닫는 걸로 만족하고 배고픔을 그렇게 달래면서 만족
하고 위로하고 기다렸는데……

"그때 엄마에게 어떻게 하고 싶으셨나요?"
그런데 내가 들은 '아무짝에도 쓸모없다.'는 말에 대문을 열고 뛰쳐
나가서 보도블록에 서서 찻길을 보고 있었어요.
고작 일곱 살이 죽으려고 찻길에 뛰어들고 싶었던 거죠.

그때는 엄마가 무서워서 아무 말도 못했지만
엄청 화가 나서 어른이 되면 꼭 따져야 되겠다고 다짐을 했어요.

하루 종일 견디는 아이의 환경은 보지도 못하고 내가 어른도 아니
고 고작 7살 애야.

어른한테 할 일을 시켜 놓고 아무짝에도 쓸모없다는 이런 식의 말을 해?

내가 투정을 한 적이 있어, 고기를 달라고 한 적이 있어, 과자를 사달라고 했어?

엄마한테 아무것도 사달라고 하지 않잖아.

나도 얼마나 이 집에서 비참한지 알아? 엄마만 비참하니?

글씨 쓸 연필도 없고……

나의 유일한 낙은 엄마 일 도와주고 잘했다 칭찬받는 건데, 나보고 나가서 죽으라는 거야?

맨날 빈 솥이고 맨날 먹을 것도 없는 집에서 과자 사달라고 조른 적이 있어? 한 번도 없잖아.

먹고 싶은 거 하고 싶은 거 누리고 싶은 거 한 적도 없는데, 아무짝에도 쓸모없다는 게 무슨 말인데!

어른이 하는 펌프질이 쉬운 줄 알아?

당신은 항상 어른의 일만 시켰잖아.

장난감을 사줬어? 책을 사줬어? 가방을 사줬어?

놀러를 한 번 가본 적이 있어? 옷을 사달라고 했어?

한 번도 그런 적이 없잖아.

엄마 힘들까 봐 말도 안 하고 존재감 없게 버티고 있는데 아무짝에도 쓸모없다는 거는 뭐야. 나는 뭐야 이 집에서. 정말로 쓸모없는 거야? 내가 얼마나 서럽고 외로웠는데……

나도 하느라고 다했는데 있어도 있는 존재가 아니고
표현도 안 하고 욕구도 없는 사람처럼 가고 싶다고 한 적도, 먹고 싶
다고 한 적도 없는데……

"지금 기분이 어떤지 소감을 한마디 한다면?"
죽느냐 사느냐로만 삶을 살아왔어요.
버텨야 된다. 노력해야만 된다. 소통이 고차원적으로 어려워요.
이렇게 풀어놓고 보니 진짜 억울했구나.
아이 눈높이로 해주어야겠구나.
버티기 힘들었구나. 어린 내가 이해가 되네요.
가슴이 공허하고, 비어 있고, 춥고, 외롭고

나는 엄마한테
너무 애썼다. 엄마 기다리느라 힘들었지. 칭찬해주기를 바랐는데
그러지 않는 엄마를 누가 혼내줬으면 하는 마음이 있었네요.

그곳은 말이 안 통하니 뛰쳐나가고 싶었던 집이에요.
환경적인 어려움이 올 때는 죽고 싶다는 생각도 일어났었고
나의 장점은 노력하는 건데, 노력이 인정되지 않으면 포기를 했어요.

이제는 목표를 잡고 열심히 하는 모습을 보이고 싶어요.

원망스럽고 짜증나는 화

어렸을 때 우리 형제는 4남매였는데 쌍둥이 동생, 그리고 그 밑으로 2명의 동생이 더 있었어요. 할머니는 수시로 나를 계속 찾고, 나만 심부름을 시켰는데, 그때 왜 심부름을 나만 시키냐고 부모님께 물어보니 내가 심부름도 잘하고 믿음직스러워서라고 했어요.

"할머니가 나를 찾는 장면에서 나를 불편하게 하는 것은
눈에 보이는 것인가요? 귀에 들리는 소리인가요?"
귀에 들리는, 내 이름 부르면서 찾는 소리.

"그때 어떤 감정을 느꼈나요?"
원망스럽고 짜증나는 화.

"그때 나는 어떻게 취급받았다고 느꼈나요?"
나를 너무 믿는 것 같은 느낌을 받았어요.

"나를 믿는다는 것은 어떤 의미인가요?"
책임감. 잘해야 되는 것.
잘하지 못하면 없는 사람 취급받을 것 같아요.

없는 사람 취급받으면 내 존재가 없어질 것 같아요.

"그때 할머니가 어떻게 해 주기를 바랐나요?"
내가 심부름을 잘하고 믿음직해도 다른 애도 시켰으면 좋겠어요.
나를 그만 불렀으면 좋겠어요.
심부름하고 나면 잘했다고 칭찬하거나 고맙다고 해 주기를 바랐
어요.

"그때 할머니에게 어떻게 하고 싶으셨나요?"
다른 애 좀 시켜. 나도 힘들어.
심부름을 했으면 고맙다고 하든가 칭찬을 해 주던가.
대답하기 싫어. 부르지 마. 그만 찾아.
밤이고 낮이고 왜 나만 불러. 나 좀 그만 찾아. 나도 힘들어.
나도 쉬는 시간 좀 갖자. 왜 계속 나만 불러.
나 좀 그만 불러. 나도 힘들어. 나도 쉬고 싶어.
내가 동네북이야? 왜 나만 불러. 나도 힘들어 죽겠어.
부르면 대답하고 뛰어 내려가야 하고 나도 힘들어.
나도 하기 싫어. 그만해. 나 좀 그만 시키라고.

"새롭게 알게 된 것에 대한 소감을 한마디 한다면?"
어렸을 때부터 책임감을 느끼고 살았구나.
그때 한번 투정이라도 부려볼 걸 싶네요.
답답하고 책임감에 짓눌리는 느낌이었네요.

속상하고 부끄러운 화

사고만 치는 언니가 늘 사고치고 집에 왔을 때, 내가 왜 사고쳤냐고 물으면 '그렇게 됐다. 어쩌라고!' 하며 자기 합리화하는 장면입니다.

"그 장면에서 나를 불편하게 하는 것은
눈에 보이는 것인가요? 귀에 들리는 소리인가요?"
귀에 들리는, 비꼬는 듯한 언니의 말투.
귀에 들리는, "그렇게 됐다. 어쩌라고!" 하는 말.

"그때 어떤 감정을 느꼈나요?"
속상하고 부끄러운 화를 느꼈어요.

"그때 언니가 나를 어떻게 취급한다고 느끼셨나요?"
사고 치면 안 돼. 나에 대해 관심이 없구나. 안중에 없구나.

"안중에 없다는 것은 어떤 의미인가요?"
소외감 느끼고, 속상하고 슬퍼요.
내버려진 존재. 혼자 있어야 돼요.
그러면 외롭고, 아무도 거들떠보지 않아요.

"그때 언니가 어떻게 해주기를 바라셨나요?"
사고치지 말고 언니로서 나를 챙겨주기를 바랬어요.
언니로서 따뜻하게 챙겨주고, 숙제 봐주기를 바랬어요.
엄마 대신 언니가 나를 돌봐주기를 바랬어요.

"그때 언니에게 어떻게 하고 싶으셨나요?"
뻔뻔한 언니. 미친년. 제발 사고 치지 마.
또 사고 쳤지? 조용한 날이 없네.
집안에 또 불란 일으키네.
왜 훔치냐? 왜 또 싸우냐? 쪽팔리지 않니?
그래도 할매는 너만 챙기지.
나도 피해자야. 나한테 질투하지 마.
왜 내가 철들어야 돼? 막내 권리를 못 챙기잖아.

"새롭게 알게 된 것에 대한 소감을 한마디 한다면?"
원래 내 성격이 자유로웠는데 어느 순간 스스로 가뒀어요.
사고치지 않고, 그래서 억울하고, 남 탓하고…
무수리의 삶을 살았어요. 누가 시키지 않아도 알아서 했어요. 살아
남아야 하니까.
무수리로 사는 게 내가 살아남는 방법이었어요.

이해 받지 못해 억울한 화

내가 주차를 잘못해 놓아서 남편이 큰소리로 한심하다는 듯이 나를 질책할 때 비난받는 어린애 취급당하는 느낌이 들었는데, 그런 느낌의 기억을 떠올리니까 그것은 마치 어릴 때 아빠가 나한테 큰소리로 '똑바로 제대로 하라'고 질책하는 장면이 떠오르네요.

"그 장면에서 나를 불편하게 하는 것은
눈에 보이는 것인가요? 귀에 들리는 소리인가요?"
눈에 보이는, 아빠의 화난 표정.
귀에 들리는, 똑바로 제대로 하라는 말의 내용.

"그때 어떤 감정을 느꼈나요?"
이해받지 못해서 억울한 화가 나요.

"그때 어떻게 취급받는다고 느끼셨나요?"
'너는 할 줄 아는 게 뭐야' 하는 무시 받는 느낌.

"무시 받는다는 것은 어떤 의미인가요?"
제가 돌이라면 깎이는 느낌.

있어야 할 제 모습을 건드리고 바꾸어서 내 모습을 잃게 만드는 것
같은 느낌.

마치 어떤 상자에 나를 숨을 못 쉬도록 꽉꽉 눌러 담는 것 같은 느낌.

숨을 못 쉬어서 죽을 것 같은 느낌이에요.

그래서 말을 할 수 없을 것 같은 느낌.

말을 할 수 없는 거는 내가 없어지는 것 같은 느낌이에요.

"그때 아빠가 어떻게 해주기를 바랬나요?"

그냥 '잘하고 있네. 잘했어' 이렇게 말해주기를 바랬어요.

잘못하는 것은 이거는 이렇게 하면 좋겠다라고 말해주기를 바랬
어요.

아빠가 일이 고되고 힘들어서 화와 짜증을 많이 내는데 미안하다고
말해주기를 바랬어요.

칭찬을 해줬으면 좋겠어요.

"그때 아빠에게 어떻게 하고 싶으셨나요?"

하고 있잖아요. 그만 좀 소리쳐.

그렇게 잘하면 아빠가 해. 말만 하지 말고.

그렇게 소리지를 때마다 너무 화가 나.

제발 그만 좀 해. 지겨워.

아빠면 다야? 소리 지르면 다 되는 줄 알아?

나는 더 싫어. 아빠가 그러면 부끄러워.

엄마한테 왜 그래. 나한테, 언니한테 왜 그래.

그만 좀 해. 소리치지 마. 정말 싫어.

아빠 때문에 내가 눈치 보게 돼. 큰 소리만 나면 무서워.

누가 나한테 소리만 쳐도 무서워. 두려워.

소리치면 다야? 진절머리가 나.

아빠한테 소리치는 거 말고 들은 게 없어. 늘 화난 표정.

사과해. 엄마한테, 언니한테, 나한테 진심으로 사과해.

배워본 적 없고, 경험해 본 적 없는 거 아는데, 우리 너무 힘들어.

아빠가 왕따가 되는데 자기 스스로를 봤으면 좋겠어.

아빠 때문에 사람들 너무 눈치 보고 예민해져서 내 존재를 하찮게 여기고 비난하는 것 같아서 너무 힘들었는데 지금은 알지만 순간순간 나도 모르게 나와.

아빠가 지금은 많이 나아지기는 했지만, 진심으로 사과해 줬으면 좋겠어.

"새롭게 알게 된 것에 대한 소감을 한마디 한다면?"

아빠한테 얘기하지 못하고 참고 있던 게 많았네요.

다른 사람들 마음도 대변하고 싶었어요.

큰 소리에 민감한 이유를 알게 되었어요.

미움 받는 느낌의 억울한 화

어렸을 때 할머니가 나를 혼내는 장면인데, 구체적으로 무엇 때문에
혼나는지는 모르겠어요.

"그 장면에서 나를 불편하게 하는 것은
눈에 보이는 것인가요? 귀에 들리는 소리인가요?"
눈에 보이는, 화난 표정.
귀에 들리는, 나를 비난하는 목소리.

"그때 어떤 감정을 느꼈나요?"
미움 받는 느낌의 억울한 화.

"그때 어떻게 취급받는다고 느끼셨나요?"
쓸모없는 아이처럼 취급했어요.

"쓸모없다는 것은 어떤 의미인가요?"
미움 받고 버려질 수도 있겠다는 생각이 들어요.
버려지게 되면 어디에서도 환영받지 못할 것 같아요.
그렇게 되면 살 수 없을 것 같아요.

"그때 할머니가 어떻게 해주기를 바라셨나요?"

그렇게 혼내지 않았으면 하고 바랬어요.

나를 한심하고 경멸하는 눈빛으로 보지 않았으면 하고 바랬어요.

나한테만 야단을 치지 않았으면 하고 바랬어요.

혼을 내지 않고 가만히 두면 좋겠어요.

나를 천덕꾸러기 취급을 하지 않았으면 좋겠어요.

"그때 할머니에게 어떻게 하고 싶으셨나요?"

그만 좀 해. 나 그렇게 미워하지 마.

왜 나만 혼내는데.

엄마가 비난받은 것에 대해서 내게 책임 전가하지 마.

그렇게 한심하고 경멸하는 눈빛으로 보지 마.

나를 천덕꾸러기 취급하지 마.

그렇게 혼내면 나도 화나고 무서워.

내가 그렇게 뭘 잘못했는데. 나한테만 왜 그러는데. 나 그만 혼내
라고.

좀 따뜻하게 잘해줄 수도 있잖아.

말만 하면 혼내고 그러지 마. 어린애한테 왜 그래.

내가 잘못한 게 아니잖아.

잘했으면 잘했다고 얘기도 하고.

나한테 그러지 마. 나 잘못한 거 없거든.

나를 존중해줘. 나한테 잘해줘.

나 그렇게 대접받을 사람 아니야. 그러지 마.

110

"새롭게 알게 된 것에 대한 소감을 한마디 한다면?"

할머니한테 얘기할 때 좀 더 당당해진 것 같아요.

전에는 아이의 상태에서 얘기했다면, 오늘은 더 큰 느낌, 더 당당하게 얘기한 것 같아요.

말을 꺼내는 게 전보다 조금 편해진 것 같아요.

억울하고 원망스런 화

초6이나 중1 때의 일인데, 같이 식사 중에 어른과 눈 마주치지 말라고
하면서 아버지가 기분 안 좋다고 말도 못 하게 하고 화를 내면서 점점
소리가 커지고 숟가락을 내리치면서 화를 내고 있어요.

"그 장면에서 나를 불편하게 하는 것은
눈에 보이는 것인가요? 귀에 들리는 소리인가요?"
눈에 보이는, 화나서 노려보는 눈.
귀에 들리는, 높은 톤의 소리.

"그때 어떤 감정을 느꼈나요?"
억울하고, 울먹이고, 원망스런 화.

"그때 어떻게 취급받는다고 느끼셨나요?"
불통. 이해 받지 못하고, 공감 받지 못함.
일방적으로 짓밟히는 느낌이 들었어요.

"짓밟힌다는 것은 어떤 의미인가요?"
하찮은 존재. 존재가 위협받는 거요.

갈 데가 없고, 벽에 부딪힌 암담한 느낌이에요.

있을 수도 없고, 갈 수도 없고, 갈 데도 없는 느낌.

"그때 아버지가 어떻게 해주기를 바라셨나요?"

조근조근 대화를 했으면……

어떤 때는 관심도 없다가, 얘기할 시간은 밥상 밖에 없는데, 화를 안

냈으면 좋은데……

"그때 아버지에게 어떻게 하고 싶으셨나요?"

제발 화 좀 내지 마세요.

일방적으로 화내면 짓밟힌 느낌이 들어요.

제발 화내지 말고 차근차근 얘기하세요.

의견은 다르더라도 서로 존중하면서 감정과 인격을 존중해 주세요.

나도 이해 받고 공감 받고 싶어요.

"새롭게 알게 된 것에 대한 소감을 한마디 한다면?"

생각을 이해받지 못하고, 감정을 공감 받지 못했네요.

의견이나 감정을 공감 받고 싶었구나 하는 게 구체화가 되었어요.

반발심과 원망스런 화

어머니는 나의 일에 참견하거나, 대신해주거나 엄청 통제가 심했어요.
창피를 주거나 수치심을 유발하거나 경쟁심을 유발하는 것이 주된 통
제 도구였어요. 그래서 고등학교까지는 어머니에게 절대적으로 충성하
는 의존성향을 갖고 있었어요.
초 1, 2학년인가 여름에 소나기가 내려서 안마당에서 물레방아를 만들
어 놓고 있었어요. 그때 어머니가 오시더니 혼내면서 끌고 들어가는 장
면으로 하고 싶어요.

"그 장면에서 나를 불편하게 하는 것은
눈에 보이는 것인가요? 귀에 들리는 소리인가요?"
귀에 들리는, 소리치는 높은 톤의 목소리.
몸을 잡아끌던 느낌.

"그때 어떤 감정을 느꼈나요?"
반발심, 반항, 야속한, 원망스런 화.

"그때 어떻게 취급받는다고 느끼셨나요?"
어머니가 너무 간섭한다고 느꼈어요.

114

"간섭한다는 것은 어떤 의미인가요?"

못하게 한다. 무시당하는 느낌.

재미없고 작아지는 느낌.

감옥 같은 느낌. 갇히는 느낌.

내가 가치가 없어져서 내가 없어져요.

"그때 어머니가 어떻게 해주기를 바라셨나요?"

나 좀 내버려 뒀으면… 흉보지 않았으면…

"그때 어머니에게 어떻게 하고 싶으셨나요?"

대들고 싸우고 싶고, 풀려나고 싶고, 도망가고 싶기도 했어요.

빗속으로 나가 감기 걸려 아파서 복수하고 싶었어요.

엄마 간섭은 감옥 같아요. 갇히는 것 같아요.

나 좀 내버려 둬요. 제발~

흉 좀 보지 마세요. 통제하지 마!

"새롭게 알게 된 것에 대한 소감을 한마디 한다면?"

감정, 생각, 몸 느낌이 붙어 있었는데 분리가 된 느낌이 들어요.

아무것도 아니네. 몸 느낌뿐인데 왜 붙들고 있지? 허탈한 웃음이 나
네요.

속상하고 짜증나는 분노의 화

엄마는 아빠의 두 번째 부인으로 내가 막내인데, 위로는 이복형제와 친오빠가 있습니다. 어릴 때 할머니랑 밥을 먹고 있는데, 할머니가 나를 보고 "그만 먹어라"라고 하는 장면입니다.

"그 장면에서 나를 불편하게 하는 것은
눈에 보이는 것인가요? 귀에 들리는 소리인가요?"
귀에 들리는, 신경질적인 "그만 먹어라" 하는 소리.

"그때 어떤 감정을 느꼈나요?"
속상하고, 짜증나고, 분노하는 화를 느꼈어요.

"그때 할머니가 나를 어떻게 취급한다고 느끼셨나요?"
'너희는 살쪘잖아' 하면서 차별을 받는다고 느꼈어요.

"차별받는다는 것은 어떤 의미인가요?"
비교의 개념인데, 있는 존재로 인정받지 않는 거예요.
죽음, 없어지는 것. 죽고 싶은 마음이 올라와요.
존재의 의미가 없어져요.

"그때 할머니가 어떻게 해주기를 바라셨나요?"

그냥 똑같이, 공평하게 대해 주기를 바랐어요.

따뜻하고 인자한 할머니로 대해 주기를 바랐어요.

정스런 할머니. 말이라도, 너도 힘들겠다,

착하다, 귀엽다고 칭찬해 주기를 바랐어요.

"그때 할머니에게 어떻게 하고 싶으셨나요?"

왜 유독 나한테 그만 먹으라고 해.

나한테 그러지 마. 할머니가 맛있는 거 해줬어?

날 위해 사 본 적이 있었어?

그렇게 차별하지 마.

둘째 오빠만 감싼다고 복이 오는 게 아니라 상황도 봐 가면서 해.

주변 사람 힘들잖아.

무시하지 마. 혼자서 잘난 척하지 마.

엄마, 아빠한테 맡겨. 제발 와서 분란 좀 일으키지 마. 제발 시끄럽
게 하지 마.

엄마, 아빠 힘들게 하지 마. 휘젓고 가지 마.

그러려면 우리 집에 오지 마.

나도 막내로 대접받고 싶어. 대접해줘.

"새롭게 알게 된 것에 대한 소감을 한마디 한다면?"

……

억울하고, 속상하고, 슬픈 화

중학교 때 사회 선생님이 마음에 들어서 사회 공부를 잘했어요. 근데 어느 날 수업 시간에 교실에서 선생님이 살이 쪄서 뚱뚱한 나를 보고, '꽃돼지'라고 부르는 장면입니다.

"그 장면에서 나를 불편하게 하는 것은
눈에 보이는 것인가요? 귀에 들리는 소리인가요?"
눈에 보이는, 느끼한 표정.
귀에 들리는, 비꼬는 듯한 말투.

"그때 어떤 감정을 느꼈나요?"
억울하고, 속상하고, 슬픈 화를 느꼈어요.

"그때 선생님이 나를 어떻게 취급한다고 느끼셨나요?"
내 외모를 비하하는 것 같았어요.

"외모를 비하한다는 것은 어떤 의미인가요?"
무기력감이 느껴지고, 무능함이 느껴져요.
있으나마나 한 존재. 놀림거리, 모멸감이 느껴져요.

존재감도 없고, 없어질 것 같아요.

"그때 선생님이 어떻게 해주기를 바라셨나요?"
그냥 '귀엽다. 사회공부 열심히 하네.'
잘하는 부분을 칭찬하고 격려해 주기를 바랬어요.

"그때 선생님에게 어떻게 하고 싶으셨나요?"
그렇게 부르지 마세요.
나는 상처 받아요. 모멸감이 느껴져 힘들어요.
상처가 엄청 커요. 그 별명 부르지 마세요.
난 사람이야. 놀리지 마. 나에겐 그런 장난이 상처야.
생각을 갖고 말해. 하지 마.
다른 애들도 별명 부르지 마.
당신은 선생이 아냐. 바보. 병신이야.

"새롭게 알게 된 것에 대한 소감을 한마디 한다면?"
선생님이 나를 놀리겠다는 의도 없이 별명으로 불러서 내가 상처를
받았듯
나도 의도 없이 내가 상처 준 사람에게 사과하고 싶은 마음이 생기
네요.

짜증나고, 속상하고, 기분 나쁜 화

이모는 조카로서 나를 챙겨주기는 하지만 이뻐하지는 않아요. 이모에게는 나와 동갑내기 사촌이 있는데, 그 사촌이 결혼한다고 들러리를 부탁받아서 결혼하기 전날 사촌을 미리 축하하고 결혼식 날 챙겨주려고 이모 집에를 갔는데, 찬밥을 차려주는 사례입니다.

"그 장면에서 나를 불편하게 하는 것은
눈에 보이는 것인가요? 귀에 들리는 소리인가요?"
눈에 보이는, 찬밥과 반찬들.

"그때 어떤 감정을 느꼈나요?"
짜증나고, 속상하고, 기분 나쁜 화를 느꼈어요.

"그때 이모가 나를 어떻게 취급한다고 느끼셨나요?"
하찮은 존재로 취급하는 것 같았어요.

"하찮은 존재라는 것은 어떤 의미인가요?"
죽음. 없어져야 되는 존재

"그때 이모가 어떻게 해주기를 바라셨나요?"

손님 대접은 해주기를 바랐어요.

반가워 해주기를 바랐어요.

존재로서 존중해주길 바랐어요.

"그때 이모에게 어떻게 하고 싶으셨나요?"

씨발년아! 하고 욕하고 싶었어요.

이 정도밖에 못해? 내가 하찮은 존재야?

왜 나한테 들러리 부탁하고 이런 취급을 해?

이렇게밖에 대접 못해?

집에 가고 싶어. 나 안 해. 나 집에 갈래.

결혼하는 애한테도 욕하고 싶었어요. 너라도 좀 챙기지. 내가 거지냐?

너무한 거 아냐? 안 먹어. 집에 가고 싶어.

"새롭게 알게 된 것에 대한 소감을 한마디 한다면?"

나의 짠함을 보았어요. 화날 만 했네요.

공포까지 억눌러 놓았구나라는 생각도 들고요.

지금은 살고 있음에 대한 기쁨이 있어요.

처음으로 '살아 낼 수 있다. 이제는 살 수 있겠다'라는 생각도 들어요.

내가 귀한 존재라는 것을 알게 되었어요.

서운하고, 속상하고, 억울하고, 미운 화

어린 시절 막내 외삼촌 결혼식 때 외할머니 댁에 갔는데, 화장실이 너무 지저분해서 머뭇거리다가 그만 옷에다가 실수를 한 장면입니다.

"그 장면에서 나를 불편하게 하는 것은
눈에 보이는 것인가요? 귀에 들리는 소리인가요?"
귀에 들리는, '다 커가지고 대소변도 못 가린다. 적당히 먹지'라는
비난하는 말투.

"그때 어떤 감정을 느꼈나요?"
서운하고, 속상하고, 억울하고, 미운 화를 느꼈어요.

"그때 외할머니가 나를 어떻게 취급한다고 느끼셨나요?"
비난하는 듯한 말투와 성난 말투로 천덕꾸러기 취급하는 것 같았어요.

"천덕꾸러기라는 것은 어떤 의미인가요?"
환영받지 못하는 사람, 존중받지 못하는 사람,
귀하지 않은 사람, 대접받지 못하는 사람.

없어져야 돼. 살아서 뭐해.

"그때 외할머니가 어떻게 해주기를 바라셨나요?"

네가 귤이 많이 먹고 싶었는가 보다.

청소하면 된다. 괜찮다. 빨아서 옷 갈아입자.

너도 놀랐겠네. 어서 씻자. 깨끗한 데 가자.

실수할 수도 있지.

"그때 외할머니에게 어떻게 하고 싶으셨나요?"

꼭 그렇게밖에 말 못하세요?

할머니 너무 심하시네요.

당황했는데… 실수하려고 한 게 아니잖아요.

할머니 너무하시네요. 할머니 미워요.

나한테 화내면 어떡해요. 야단치지 마세요.

내가 청소하면 되잖아요.

좋은 날 이걸로 화내셔야 되겠어요?

손녀로 인정해 주세요. 차별 그만 하세요.

"새롭게 알게 된 것에 대한 소감을 한마디 한다면?"

……

억울하고, 속상하고, 어처구니없고, 짜증난 화

큰오빠는 약삭빠르고 욕심 많고, 베풀 줄 모르는 사람입니다. 한 번은 새언니랑 내가 무슨 일로 싸움이 붙었는데 큰오빠가 끼어드는 장면입니다.

"그 장면에서 나를 불편하게 하는 것은
눈에 보이는 것인가요? 귀에 들리는 소리인가요?"
눈에 보이는, 오빠의 삿대질하는 손가락.
귀에 들리는, '어디 버릇없이 새언니에게 대드냐'라는 오빠의 목소리.

"그때 어떤 감정을 느꼈나요?"
억울하고, 속상하고, 어처구니없고, 당황스럽고, 짜증난 화를 느꼈어요.

"그때 오빠가 나를 어떻게 취급한다고 느끼셨나요?"
나를 깔아뭉개고, 개무시하는 것 같았어요.

"깔아뭉개고, 무시한다는 것은 어떤 의미인가요?"
화가 나서 분하고, 복수하고 싶고,

갈팡질팡 우왕좌왕하는, 어떻게 할 줄 몰라 하는,
결국 없어져야 하는 존재.

"그때 오빠가 어떻게 해주기를 바라셨나요?"
언니한테 구체적으로 잘못한 것을 사과 받고 싶었어요.
내가 왜 그러는지 확인부터 먼저 해주기를 바랐어요.
내 편을 들어주길 바랐어요.

"그때 오빠에게 어떻게 하고 싶으셨나요?"
욕하고 싶었어요. 너나 잘해라. 끼어들지 마
제발 약삭빠르게 굴지 마.
년놈이 똑같다. 말만 번지르르하고, 실속 없고, 고집 세고.
자기 생각밖에 안 하고, 엄마 아버지 생각하는 척만 하고.
뒤에서 호박씨 까고, 욕심 덩어리들아. 잘 먹고 잘 살아라. 쥐새끼야.

"새롭게 알게 된 것에 대한 소감을 한마디 한다면?"
쥐새끼. 그들 때문에 피해보고, 억울한 삶을 살았다 생각이 들어요.
못 누렸다고 생각하고 더 누리고 싶었으나 안 되었어요.
어떻게 할 수 없는 걸 비교해서 더 갈구하고, '비교해서 누구보다 못
하면 어쩌라고' 하면서, 동굴 파고, 동굴로 들어가서 살았어요.

이제 보니 결핍이 아니라 비교해서 상대적 부족으로 인식이 되네요.

짜증나고, 억울하고, 속상한 화

오빠는 평소에 나를 무시하는 경향이 있었어요. 그런데 오빠가 하던 사업이 잘되지 않아 돈이 필요한 상황이었는데, 엄마를 통해 나에게 돈을 요구하는 것이었어요. 엄마가 나에게 전화를 해서 집을 담보로 대출을 받아서 오빠를 도와주라고 하는데, 전화기 너머 들려오는 오빠의 '엄마가 원하는 대로 해줘라'라고 하는 장면입니다.

"그 장면에서 나를 불편하게 하는 것은
눈에 보이는 것인가요? 귀에 들리는 소리인가요?"
귀에 들리는, 빈정거리는 듯한 오빠의 목소리.

"그때 어떤 감정을 느꼈나요?"
짜증나고, 억울하고, 속상한 화를 느꼈어요.

"그때 오빠가 나를 어떻게 취급한다고 느끼셨나요?"
같은 레퍼토리로 돈 달라고 요구하고,
나를 뒤치다꺼리 해주는 사람으로 여기는 것 같았어요.

"뒤치다꺼리 한다는 것은 어떤 의미인가요?"

무책임한 사람이 저질러 놓은 걸 대신 해결하는 것.

'네가 한 게 뭐 있어' 같은 짜증나고, 좋은 소리 못 듣는.

억울하고 속상해서 피하고 싶어요. 도망가고 싶어요.

결국 해결은 되지만 내가 욕을 얻어먹게 되어요.

뒤통수 맞아서 배신감을 느끼고, 귀찮아지고, 에너지도 아깝고, 노력한 게 빛이 안나요.

비난, 자책, 상처받고 존재의 가치가 발휘가 안 돼요.

"그때 오빠가 어떻게 해주기를 바라셨나요?"

지가 알아서 살았으면 하고 바랬어요.

지 몫 달라고 안 하기를 바랬어요.

진정한 마음으로 엄마를 챙겼으면 하고 바랬어요

"그때 오빠에게 어떻게 하고 싶으셨나요?"

때려주고, 욕하고 싶었어요.

너는 한 게 뭐 있냐? 대체 뭐 했냐?

너 혼자 잘 살아. 감 나와라 배 나와라 하지 말고.

미친놈. 욕심 그만 부리라고. 나한테 바라지 마!

너는 너 인생 살고, 나는 내 인생 살자. 간섭하지 마!

왜 나를 원망해. 너 인생 알아서 살아.

제발 그만해. 내 인생 간섭하지 마. 너 혼자 독립해. 네가 나가.

"새롭게 알게 된 것에 대한 소감을 한마디 한다면?"

억울하고, 속상하고, 당황스러운 화

집에서 뭔가 잘못했는데, 그 내용은 기억이 안 나는데 엄마가 잘못한
것을 지적하면서 누가 그렇게 하라고 했냐며 화를 내는 장면입니다.

그 장면에서 나를 불편하게 하는 것은
눈에 보이는 것인가요? 귀에 들리는 소리인가요?"
귀에 들리는, 지적하고 비난하는 엄마의 목소리.

"그때 어떤 감정을 느꼈나요?"
억울하고, 속상하고, 당황스러운 화를 느꼈어요.

"그때 엄마가 나를 어떻게 취급한다고 느끼셨나요?"
나를 하찮게 취급하는 것 같았어요.

"하찮게 한다는 것은 어떤 의미인가요?"
엄마 딸이 아니고, 없어져야 되는 존재.
귀찮게 하고 힘들게 하는 존재.
그래서 없어져야 되네요.

"그때 엄마가 어떻게 해주기를 바라셨나요?"

다독여주고,

'실수해도 괜찮아. 나 도와주려고 그런 건데 그럴 수 있지.'

놀란 마음 진정시켜 주길 바랬어요.

상황과 엄마의 지적에 놀랐는데, 나의 의도를 알아주기를 바랬어요.

"그때 엄마에게 어떻게 하고 싶으셨나요?"

따지고 싶었어요.

엄마 도와주려고 했었어.

너무 속상해. 나 좀 챙겨줘. 달래 줘.

무섭다고. 엄마가 지적하면 얼어버리는 내가 무서워.

"새롭게 알게 된 것에 대한 소감을 한마디 한다면?"

비난, 지적으로 내 탓을 할 때 얼어붙는 나를 보았고,

그때 변명하는 나를 만났네요.

무능력해서 어찌할 수 없는 답답한 화

아버지가 밤에 동생을 골목길로 데리고 나가서 삽으로 때려서 동생이
신음하고 있을 때 아무것도 할 수 없어서 보고 있는 장면이에요

"그 장면에서 나를 불편하게 하는 것은
눈에 보이는 것인가요? 귀에 들리는 소리인가요?"
귀에 들리는, 때리는 소리와 신음하는 소리.

"그때 어떤 감정을 느꼈나요?"
내가 무능력해서 어찌할 수 없는, 답답한 화를 느꼈어요.

"그 상황을 어떻게 받아들이셨나요?"
그 순간이 현실이 아니길 바랐어요.

"현실이 아니라는 것은 어떤 의미인가요?"
악몽.
몸이 굳어지고, 속이 불편해지고.
악몽이 빨간색으로 보여요.

"그 상황이 어떻게 되기를 바라셨나요?"

꿈이길 바랬어요.

내가 잠에서 깨지 말기를 바라고, 보지를 말기를 바라고, 아무것도 몰랐기를 바랬어요.

"그때 그 상황을 어떻게 하고 싶으셨나요?"

나는 아무것도 할 수 없는데 사건에 개입되었어요.

내가 내 입장을 생각할 겨를이 없었어요.

당황하고, 황망하고, 무섭고, 억울해요. 나는 또 당했어요.

동생이 당하는 것이 내가 당하는 걸로 인식됐어요.

급작스럽고 무서운 상황에, 내가 어찌할 수 없는 상황으로 또 당했는데 나는 어찌할 수 없었어요.

아빠가 경고를 했는데, 경고를 받았는데 내가 준비를 하지 않았어요.

긴장을 하고 생각을 하고 있어야 되는데. 가만있다가 맥없이 또 당해버렸어요.

그래서 '내가 또 당했지.' 나를 자책하느라 화가 난 걸 몰랐어요.

내가 나 자신을 어떻게 할 수 없는데, 화가 자꾸 올라오고 그래서 이러지도 못하고 저러지도 못하고 나 자신만, 나 자신을 자책이 아니라 때리고 있는 것 같아요.

아버지가 나를 때린 것처럼 내가 나를 때리는 것 같아요.

너무 바보 같아서. 내가 나한테 한 짓을 모르고 있었네요.

나는 나를 때리고 있었어요.

아버지가 동생을 때리듯이, 나는 그 소리를 들으면서 나는 나를 때리고 있었어요.

내가 나를 때리고 있을 때 네 잘못이 아니라고 말해주는 사람이 없었어요. 세상이 아무도 모르니까 내가 너무 억울했나 봐요.

내가 나를 괴롭히고 있어서 내가 고개를 들 수가 없었네요.

"새롭게 알게 된 것에 대한 소감을 한마디 한다면?"

내가 나를 때렸다는 거기에서 정말 나의 무의식의 아주 깊은 곳을 들여다 본 느낌이에요.

드디어 아주 깊은 곳에서 나에게 말을 해주는구나.

내가 나를 의지하거나, 믿거나, 시작했구나 라는 느낌이 들어요.

내 안에 치유의 힘이 생기는 것 같아요. 자생력이 생기는 것 같아요.

억울하고, 분하고, 속상한 화

초등학교 3학년 때 가게를 하는 친구가 있었는데, 과자를 훔친 적도 없는데 도둑 취급을 받았어요. 그때 친구가 믿어주지 않아서 중학교까지 말을 하지 않았어요. 그때 따지지 않은 것이 억울했는지, 용기가 없었는지, 가치가 없었는지, 계속 마음에 남아 있네요.
나는 가게 가판대 앞에 있고, 친구는 방 입구 돈통 앞에 서 있는 장면이에요.

"그 장면에서 나를 불편하게 하는 것은
눈에 보이는 것인가요? 귀에 들리는 소리인가요?"
눈에 보이는, 째려보는 눈빛.
귀에 들리는, '네가 에이스 가져갔잖아' 하는 소리.

"그때 어떤 감정을 느꼈나요?"
억울하고, 분하고, 속상한 화를 느꼈어요.

"그때 그 친구가 나를 어떻게 취급한다고 느끼셨나요?"
도둑 취급했어요.

"도둑 취급받는다는 것은 어떤 의미인가요?"

나쁜 사람, 비난받을 사람, 용납이 안 되는 사람.

그 친구보다 못한 사람, 열등한 사람이 되는 거예요.

손가락질 받고, 비난받고, 왕따 되는.

그래서 외로움, 혼자 남는 것.

아무것도 할 수 없는, 무능력하게 되는 사람이에요.

결국 없어지는, 별 볼일 없는, 무가치한 사람이 되는 거예요.

"그때 친구가 어떻게 해주기를 바라셨나요?"

도둑이 아니라 그냥 친구가 놀러 온 것으로, 그냥 친구처럼 대해 주기를 바랐어요.

"그때 친구에게 어떻게 하고 싶으셨나요?"

욕하고 싶었어요. 미친년아. 내가 훔치지 않았다고.

너무 잘난 척하지 마. 나 안 훔쳤어.

밖으로 나가고 싶었어요. 너 나한테 왜 그래?

안 훔쳤어. 왜 뒤집어씌우는 거야?

"새롭게 알게 된 것에 대한 소감을 한마디 한다면?"

시원하고, 내가 억울함을 표현하지 못한 것에 대해 답답해했네요.

지금은 가슴에 막힌 게 내려가고 시원해요.

끝까지 나를 변호하지 못했구나.

도둑에 걸려서 어쩔 줄 몰라 했었네요.

상황에 접하면 당황해서 이성적으로 보지 못하고, 감정적으로 대응하는 것 같아요.

앞으로는 일단 멈추고, 상대방 말을 먼저 듣고, 내 마음을 나중에 표현해야겠어요.

속상하고, 억울하고, 부끄러운 화

할머니 장례식장에서 있었던 일인데, 넷째 고모가 아버지에게 삿대질을 하고, 멱살을 잡고 "한 게 뭐 있냐?"면서 아버지와 엄마에게 욕을 하는 장면이에요.

"그 장면에서 나를 불편하게 하는 것은
눈에 보이는 것인가요? 귀에 들리는 소리인가요?"
눈에 보이는, 아버지에게 삿대질하는 행동.
귀에 들리는, 앙칼진 목소리로 엄마에게 욕하는 소리.

"그때 어떤 감정을 느꼈나요?"
속상하고, 억울하고, 부끄러운 화를 느꼈어요.

"그때 그 상황을 어떻게 받아들이셨나요?"
너무하다. 부끄럽다. 숨고 싶다. 가족에 속하고 싶지 않다.

"부끄럽다는 것은 어떤 의미인가요?"
수치심.
없어졌으면 좋겠다. 죽고 싶었어요.

136

"그때 고모가 어떻게 해주기를 바라셨나요?"

그냥 멈추고, 자리가 정리되기를 바랐어요.

"그때 고모에게 어떻게 하고 싶으셨나요?"

네가 더한 년이라고 욕하고 싶었어요.

그만해. 대체 왜 이래. 그만해.

왜 이런 꼴 보여. 부끄럽지도 않아?

뭐가 억울해. 뭐가 부족해서 아버지를 멱살잡이 하냐.

남들 보기 부끄럽지도 않아? 그만해. 그만하라고.

"새롭게 알게 된 것에 대한 소감을 한마디 한다면?"

일어나지 말아야 할 일들이 있었어요.

그때는 그 상황이 공포스러웠어요. 얼어붙은 상태.

아버지를 좋아하지 않아서 방관했어요.

숨기고 싶은 이 순간이 없어졌으면. 이미 과거의 일이지만.

세상이 달라 보이네요.

빡치고, 속상하고, 억울하고, 부끄러운 화

어릴 때 고모 집에 놀러 갔는데, 그때 고모랑 여자 사촌들이 있었어요.
고모는 먹는 것도 자유롭게 못 먹게 하고, 은연중에 '너희 아버지는 왜
그딴 식이야'라면서 아버지를 무시하는 말까지 하는 장면이에요.

"그 장면에서 나를 불편하게 하는 것은
눈에 보이는 것인가요? 귀에 들리는 소리인가요?"
귀에 들리는, '너희 아버지는 왜 그딴 식이야'라는 소리.
눈에 보이는, 먹는 것을 자유롭게 못 먹게 하는 눈치 주는 태도.

"그때 어떤 감정을 느꼈나요?"
빡치고, 속상하고, 억울하고, 지긋지긋하고, 민망스럽고, 부끄러운,
수치스러운 화를 느꼈어요.

"그때 고모가 나를 어떻게 취급한다고 느끼셨나요?"
조카로 인정하지 않고, 오빠의 딸, 엄마의 딸로 투사하는 것 같았
어요.
하찮은 존재, 귀찮은 존재, 쓸데없는 존재로 취급받는 것 같았어요.

"하찮은 존재라는 것은 어떤 의미인가요?"

죽음.

없어지는, 쓸모없는, 의미없고, 존재할 필요가 없는 존재예요.

"그때 고모가 어떻게 해주기를 바라셨나요?"

살갑게 조카, 아이로 있는 그대로 대해 줬으면 하고 바랬어요.

딸들처럼 챙겨주고, 맛있는 것도 주기를 바랬어요.

"그때 고모에게 어떻게 하고 싶으셨나요?"

하찮게 취급하지 마세요. 나도 귀한 딸이에요.

우리 집에 와서 마음대로 휘젓지 마세요.

왜 우리 아버지를 무시하세요? 무시하지 마시라고요.

아버지 바보 취급하지 마세요.

엄마, 아버지 무시하지 마세요.

너나 잘 사세요.

"새롭게 알게 된 것에 대한 소감을 한마디 한다면?"

편하게 내지른 것 같아요.

욕한다는 자체가 부담은 되었는데, 선생님이 먼저 하는 걸 따라하
니까 시원해요.

'용서해야 된다'에 마음이 걸려 있었던 것 같아요.

억울하고, 속상하고, 황당하고, 당혹스러운 화

할머니가 병원에 입원했을 때인데, 부모님이 병원에 가기 전에 내가 먼저 병문안을 갔는데, 병실에 있던 고모가 나를 보더니 '여기 왜 왔니? 네가 대학교 다니면 너희 부모를 교육시켜야지'라며 삿대질을 하면서 앙칼진 목소리로 나를 혼내는 장면입니다.

"그 장면에서 나를 불편하게 하는 것은
눈에 보이는 것인가요? 귀에 들리는 소리인가요?"
눈에 보이는, 삿대질하는 동작.
귀에 들리는, 앙칼진 높은 톤의 말.

"그때 어떤 감정을 느꼈나요?"
억울하고, 속상하고, 어처구니없고, 황당하고, 당혹스러운 화를 느꼈어요.

"그때 고모가 나를 어떻게 취급한다고 느끼셨나요?"
싸잡아 지적하면서 하찮게 취급하는 것 같았어요.

"하찮게 취급한다는 것은 어떤 의미인가요?"

140

얼어붙은, 대응 못하는, 쪼그라드는, 작아지는.

어디 숨어야 되고, 무서워하고, 지레 겁먹는.

내가 나를 못 지키니까 사라져야 될 것 같은 불안이 느껴져요.

"그때 고모가 어떻게 해주기를 바라셨나요?"

잘 왔다. 오기 싫었을 텐데, 와줘서 고맙다.

"그때 고모에게 어떻게 하고 싶으셨나요?"

나 오기 싫었는데 잘 계세요. 갑니다.

제발 잘난 척 그만해라.

내가 병문안을 마음대로 오는데, 네가 따질 일은 아니지.

'왜 왔니?' 이런 말 기분 나빠.

뱀 같은 인간.

"새롭게 알게 된 것에 대한 소감을 한마디 한다면?"

고모들을 다 싫어했는데. 이 고모는 투사 기질이 있는 고모였어요.

억울하기도 하고, 수치심도 느끼고, 죄책감, 자책감도 들고, 복수하고 싶었어요.

고모는 가족의 일원인데 정말 싫었어요.

짜증나고, 기분 나쁘고, 속상한 화

초등학교 다닐 때 친구 무리 중의 한 명이, 평소에는 잘 지내는데 자기
가 뭔가를 더 해야 되는 경우가 되면, 자기 거라고 우기는 장면입니다.

"그 장면에서 나를 불편하게 하는 것은
눈에 보이는 것인가요? 귀에 들리는 소리인가요?"
귀에 들리는, 따지는 듯한 말투.
귀에 들리는, '내 거야' 하는 말.

"그때 어떤 감정을 느꼈나요?"
짜증나고, 기분 나쁘고, 속상한 화를 느꼈어요.

"그때 친구가 나를 어떻게 취급한다고 느끼셨나요?"
나를 만만하게 보는 것 같았어요.

"만만하게 본다는 것은 어떤 의미인가요?"
내가 만만하지 않은데, 나를 그렇게 보니까.
내가 이길 수가 없으니까 말이 하기 싫었고, 할 수 없었고.
그래서 말을 못해서 속상한 박탈감이 느껴지네요.

"그때 친구가 어떻게 해주기를 바라셨나요?"
자기 거라고 우기지 않기를 바랬어요.

"그때 친구에게 어떻게 하고 싶으셨나요?"
야. 왜 대들어. 대들지 마.
까불지 마. 나대지 마. 그 꼴 보기 싫어.
우기지 마. 나 건들지 마. 그냥 냅두라고.
욕심꾸러기. 욕심 많고, 잘난 척하고.
쥐새끼 같은 놈.

"새롭게 알게 된 것에 대한 소감을 한마디 한다면?"
......

무시당해서 억울하고 원망스러운 화

어렸을 때 엄마가 집을 나가서 외할머니랑 같이 살았어요. 그래서 외할머니랑 누나가 엄마 역할을 하고 살았는데, 외할머니는 나를 못마땅하게 생각해서 나를 천덕꾸러기, 말썽꾸러기로 여겼어요. 무슨 일이었는지는 정확히 기억은 안 나는데, 별 이유 없이 누나랑 비교당하면서 누나와 내가 할머니한테 혼나는 것이 기억나요.

"그 장면에서 나를 불편하게 하는 것은
눈에 보이는 것인가요? 귀에 들리는 소리인가요?"
귀에 들리는, 야단치는 목소리.

"그때 어떤 감정을 느꼈나요?"
무시당해서 억울하고, 원망스러운 화가 나요.

"그때 나는 어떻게 취급받았다고 느꼈나요?"
천덕꾸러기가 되는 기분이 들어요.
쓸모가 없는 죄인처럼 느껴지기도 해요

"천덕꾸러기는 어떤 의미인가요?"

144

도움이 안 되고, 가치가 없는 것이에요.

도움이 안 되면 미움받을 것 같아요.

미움받으면 내 행동이 모두 못마땅하게 생각한다는 느낌이 들어요.

천덕꾸러기가 되면 쓸모가 없어서 버려질 것 같아요.

버려지면 다른 곳에서도 못살 것 같아요.

"그때 외할머니가 어떻게 해 주기를 바랬나요?"

누나한테처럼 야단치지 않고 살갑게 해줬으면 하고 바랬어요.

누나랑 같이 나를 야단치지 않았으면 하고 바랬어요.

엄마도 없이 힘들게 컸는데, 잘 컸는데, 잘 컸다고 칭찬받고 싶었어요.

"그때 외할머니에게 어떻게 하고 싶으셨나요?"

야단치지 말고 누나처럼 살갑게 대해줘.

천덕꾸러기 취급하지 마.

아버지 닮아서 성격이 왜 그러냐, 그런 말 하지 마.

아빠 빗대서 그러지 마

엄마가 나 때문에 힘들다고 말하지 마.

엄마가 잘못해서 그런 거잖아. 나 때문이 아니잖아.

야단만 치지 말고 나한테 칭찬도 좀 해. 잘했다고 얘기도 해주고.

나 천덕꾸러기 아니야. 나도 똑같은 손자잖아.

그렇게 하지 마. 그러지 마.

엄마 잘못을 나한테 뒤집어씌우지 마.

왜 나를 죄인 취급하는데? 왜 내가 죄책감을 갖고 살아야 돼? 내가
뭘 잘못했는데?
천덕꾸러기 아니야. 그렇게 취급하지 마.

"새롭게 알게 된 것에 대한 소감을 한마디 한다면?"
외할머니와의 단편적인 기억으로 시작했는데…
외할머니가 오랫동안 엄마 역할을 했는데…
칭찬을 받고 싶었던 거 같아요. 이런 마음을 처음 느껴요.
관심도 받고 싶고, 칭찬도 받고 싶고, 사랑도 받고 싶고.
그때는 안 혼나면 잘하는 거라 생각했는데…

오늘 얘기하면서 화도 났지만 중간에 고마웠던 기억도 나고, 야단
치는 와중에도 고생하셨던 기억도 떠오르고…

짜증스런 화, 무기력한 우울, 걱정스런 불안

나는 어릴 때 집에서는 엄마에게 투명인간 취급을 받고, 학교에서는 친구도 없이 소외되어 지냈습니다. 20살이 되어 사회에 나와서는 대인관계를 어떻게 해야 하는지도 모르고, 사람을 믿을 수도 없어 스스로 마음의 문을 닫아 버렸습니다. 누군가 나를 비난하거나 질책하면 스스로 멍 때리면서 감정을 차단하고 살았습니다. 그것만이 내가 살 수 있는 유일한 방법이었으니까요. 나는 늘 무기력한 우울을 느끼며 살았는데, 내 내면에 있는 피해의식이 나를 그렇게 살게 했습니다.

고등학교 때 학교 갔다 와서 집에 있는데 아빠는 피를 토하며 물건을 내던지고, 엄마는 악에 받쳐서 소리치고, 서로 지지 않으려고 끝이 없는 싸움을 하고 있어요.

"그 장면에서 나를 불편하게 하는 것은
눈에 보이는 것인가요? 귀에 들리는 소리인가요?"
귀에 들리는, 높은 톤의 목소리.
눈에 보이는, 아빠가 토하는 핏덩어리.

"그때 어떤 감정을 느꼈나요?"
짜증스런 화도 나고, 멍 때리고 무기력한 우울도 느껴지고,

걱정스런 불안도 있어요.

"그 상황을 어떻게 받아들였나요?"
저렇게 싸우려면 이혼하지.
생명이 끝나가는 것을 보는 것만도 불안해요.
아빠는 너무 비참하고 엄마는 너무 힘들고…
가정이라는 것에 대해 배운 것과 현실의 차이에 회의감이 느껴져요.
엄마 아빠가 안 싸워도 너무너무 비참해요.

"그때 부모님이 어떻게 해주기를 바랬나요?"
자기들 문제는 자기들끼리 조용히 해결하기를 바랬어요.

"그때 부모님에게 어떻게 하고 싶으셨나요?"
아빠 정신 차려! 우리한테 이런 모습 보여야 돼?
아빠 피 토하는 것 때문에 힘들어.
뭐가 못마땅해서 그러는데.
나는 꿈을 갖고 내가 하고 싶은 것을 하고 싶은데 당신 땜에 할 수가
없어. 나는 어떡하라고!
내가 왜 존재해야 하는지 길을 잃었어.
건강하게 살고 싶어. 행복하게 살고 싶어.
아빠 짐이 너무 무거워서 꿈조차 생각할 수가 없었어.

"지금 기분이 어떤지 소감을 한마디 한다면?"

멍 때리는 게 30년 동안 내 성격인 줄 알았어요.

멍 때리는 건 살려는 내 방식이었네요.

멍 안에 숨어 살았어. 착한 척, 표현할 수 없어서.

화가 올라오니까 내가 살아 있는 것 같아서 자신이 기특해요.

아버지가 '내 인생에 크게 차지하고 있었구나' 생각이 들어요.

속 시원한데 짠하네요.

억울하고, 놀랍고, 당황스럽고, 어쩔 줄 모르는 화

고등학교 때 우리 집은 과수원을 했는데, 부모님이 어디 가고 없을 때 장사꾼이 집에 왔습니다. 그래서 장사꾼에게 부모님을 도와준다고 생각하고 창고 문을 열어서 사과를 팔았는데, 엄마가 사과를 너무 싸게 팔았다며 '너는 왜 시키지도 않는 일을 하냐'고 야단치는 장면입니다.

"그 장면에서 나를 불편하게 하는 것은

눈에 보이는 것인가요? 귀에 들리는 소리인가요?"

눈에 보이는, 화가 난 엄마의 매서운 눈빛.

귀에 들리는, 높은 톤의 목소리.

"그때 어떤 감정을 느꼈나요?"

억울하고, 놀랍고, 당황스럽고, 어쩔 줄 모르는 화와

겁먹은 불안, 그리고 자책하고 후회하는 우울을 느꼈어요.

"그때 엄마가 나를 어떻게 취급한다고 느끼셨나요?"

멋도 모르고 당한 느낌, 무시 받는 느낌이었어요.

"멋도 모르고 당한다는 것은 어떤 의미인가요?"

도와주려고 했던 행동이 도움이 안 되는 것이에요.

내가 한 행동이 의미가 없고, 나는 쓸모없는 사람이에요.

"그때 엄마가 어떻게 해주기를 바라셨나요?"

상황을 설명하고 나를 이해시키고 잘못을 얘기해 주기를 바랬어요.

'나를 도와주려고 그랬구나. 엄마가 혼내서 많이 놀랐지?'라고 말해

주기를 바랬어요.

"그때 엄마에게 어떻게 하고 싶으셨나요?"

제대로 알려주지. 그때 하필 어디 갔어.

왜 그런 거 나에게 맡겨서 혼란을 겪게 해.

엄마가 다그치거나 윽박지르면 나도 놀란다고. 얼어붙는다고.

다그치지 마. 윽박지르지 마. 제발 내가 겁먹지 않게 해 줘.

잘못해서 우는데 왜 우냐고? 너 울면 재수 없다는 말 하지 마.

실수할 수도 있지, 엄마는 나보다 사과가 중요해?

"새롭게 알게 된 것에 대한 소감을 한마디 한다면?"

아~ 누군가가 나를 다그치면 얼어붙는 것을 이제 알겠네요.

그때 도와주려고 한 건데 심하게 혼나서 억울함만 남았던 거 같네요.

억울하고, 속상하고, 당황스럽고, 의아스러운 화

대학 4학년 때 일이었어요. 뭔가 보여서 두려움에 떨며 목사인 고모에게 전화를 했어요. 그런데 고모는 나의 말에 대수롭지 않게 '그럴 수도 있지 뭐' 하며 남의 일처럼 표현하는 장면입니다. 지금 생각해보니 그건 환시 현상이었어요.

"그 장면에서 나를 불편하게 하는 것은
눈에 보이는 것인가요? 귀에 들리는 소리인가요?"
귀에 들리는, 무관심한 태도의 말투.

"그때 어떤 감정을 느꼈나요?"
억울하고, 속상하고, 당황스럽고, 의아스러운 화를 느꼈어요.

"그때 고모가 나를 어떻게 취급한다고 느끼셨나요?"
눈꼽만큼도 조카라고 생각 안 하는, 안중에도 없는, 무시한다.

"안중에도 없다는 것은 어떤 의미인가요?"
없어져야죠.
자포자기한 듯한 죽음.

"그때 고모가 어떻게 해주기를 바라셨나요?"

다독거려 주기를 바랬어요.

위로해 주기를 바랬어요

"그때 고모에게 어떻게 하고 싶으셨나요?"

네가 성직자냐? 네가 우리 고모냐?

너는 좀 나을 줄 알았다.

전화 한 내가 바보지. 다시는 전화 안 한다.

정말 무섭다. 천덕꾸러기처럼 대하냐?

잘 먹고 잘 살아라.

"새롭게 알게 된 것에 대한 소감을 한마디 한다면?"

그때 진짜 너무 무서워서 고모가 성직자라 전화 했었는데…

오늘 해보니 고모는 사악한 뱀 같은 사람이었네요.

억울하고, 불편하고, 속상하고, 짜증나고, 기분 나쁜 화

초등학교 2학년 때 일인데, 담임선생님은 수업이 끝나고 나면 늘 학생들을 찍어서 남으라고 하고는 안마를 시켰어요. 주로 나를 많이 남으라고 하고 안마를 시키는 장면입니다.

"그 장면에서 나를 불편하게 하는 것은
눈에 보이는 것인가요? 귀에 들리는 소리인가요?"
눈에 보이는, 꾸벅꾸벅 조는 모습.
귀에 들리는 '여기도 해라, 저기도 해라'고 하는 말.

"그때 어떤 감정을 느꼈나요?
억울하고, 불편하고, 속상하고, 짜증나고, 기분 나쁜 화를 느꼈어요.

"그때 선생님이 나를 어떻게 취급한다고 느끼셨나요?"
존중하지 않는다. 종 부리는 듯한 느낌을 받았어요.

"종 부리는 듯하다는 것은 어떤 의미인가요?"
하찮게 여겨지는, 무가치한 존재.

존중받지 못하는 소모품 같은 느낌.

인격적으로 대우받지 않아서 내 존재가 희미하게 사라질 것 같아요.

"그때 선생님이 어떻게 해주기를 바라셨나요?"

챙길 것 챙기고 열심히 하기를 바랐어요.

안마를 안 시켰으면 하고 바랐어요

"그때 선생님에게 어떻게 하고 싶으셨나요?"

선생도 아닌 것 같다. 이런 일 시키지 마세요. 하기 싫어요.

엄마한테 일러버린다. 교장선생님한테 말할 거야.

선생이 학생한테 안마시킨다.

이거 내가 할 일 아니야. 다른 애들 시켜.

"새롭게 알게 된 것에 대한 소감을 한마디 한다면?"

권위자를 보면 '저 사람은 나를 힘들게 하는 사람이다'는 생각이 들어서 밀어냈어요.

그때부터 사람을 의심하게 된 계기가 된 것 같아요.

억울한 화와 걱정되는 불안

어릴 때 아버지가 술 드시고 혼자 오지 못해서 아버지를 데리고 가라
는 전화 장면이에요.

"그 장면에서 나를 불편하게 하는 것은
눈에 보이는 것인가요? 귀에 들리는 소리인가요?"
귀에 들리는, '아버지를 데려가라'는 소리

"그때 어떤 감정을 느꼈나요?"
억울한 화와 걱정되는 불안을 느꼈어요.

"그 상황을 어떻게 받아들이셨나요?"
기분 나쁘고, 속상하고, 부끄럽다고 느꼈어요.

"부끄럽다는 것은 어떤 의미인가요?"
어린 내가 감당하고 싶지 않은.
어쩔 수 없이 아버지를 데리러 가야 하는.
술주정할 거니까 잠 못 자고, 엄마랑 싸움이 일어날 거니까.
받아들이기 싫었어요. 상처가 부끄러운 날이니까.

쥐구멍이라도 숨고 싶은, 아버지 딸이 되고 싶지 않은.

사람들의 손가락질도 싫고, 존재가 없어지는 것 같아요.

"그때 아빠가 어떻게 해주기를 바라셨나요?"

술 드시지 않고 아버지 역할을 하기를 바랬어요.

사람들에게 무시당하지 않는 아버지였으면 하고 바랬어요.

아버지가 아버지다웠으면 하고 바랬어요.

나를 챙겨주고, 보호해주기를 바랬어요.

술을 안 먹고 화목했으면 하고 바랬어요.

"그때 아빠에게 어떻게 하고 싶으셨나요?"

정신 차렸으면 좋겠다.

술 드시지 말라고 말하고 싶었어요.

가족들 생각 좀 해 줘라.

싫다고. 싫다고. 안 가고 싶다고. 놀고 싶다고.

제발 제발 아버지답게 좀 살아봐.

"새롭게 알게 된 것에 대한 소감을 한마디 한다면?"

불쌍한 아버지에게 미움, 원망이 있었네요.

제 삶을 살고 싶었던 어린 나.

잘 살아온 나. 열심히 살아온 나. 대견한 나. 든든한 나.

억울한 슬픔, 분노가 안 일어나고 든든한 나, 최선을 다해 살아온 내

가 느껴지네요.

원망하는 화와 무서운 불안

어릴 때 엄마가 애들이 말 안 들으면 주먹을 들고 막 팼어요. 그날도
장난감을 가지고 놀다가 늘어놓았다고 얼굴, 팔도 맞으면서 애들이 픽
픽 쓰러졌어요. 그러면 엄마가 "말 들어. 내 말 들어. 내가 하라면 해.
왜 말들이 이렇게 많아. 니네들은 다 없어져야 돼"라고 고래고래 소리
를 질렀어요.

"그 장면에서 나를 불편하게 하는 것은
눈에 보이는 것인가요? 귀에 들리는 소리인가요?"
귀에 들리는, '니네들은 다 없어져야 돼'라는 말.

"그때 어떤 감정을 느꼈나요?"
원망스런 화도 느꼈고, 무서운 불안도 느꼈어요.

"그때 어떻게 취급받는다고 느끼셨나요?"
벌레 취급을 받았어요.

"벌레 취급받는다는 것은 어떤 의미인가요?"
밥을 주고 싶을 때 주고, 짓밟으면 밟혀야 되고, 없어져라 하면 없어

져야 되고…

그래서 사라지는데, 사라져서 공중에 공기가 된다는 생각이 들어요.

"그때 엄마가 어떻게 해주기를 바라셨나요?"

그거 만지면 위험해.

이거 늘어놓으면 엄마 힘들어.

엄마 힘들지 않게 해.

귀엽다. 너네가 귀엽다.

엄마 옆에서 놀다가 자라고 말해주기를 바랬어요.

"그때 엄마에게 어떻게 하고 싶으셨나요?"

나는 엄마를 기다리다가 엄마가 오니까 반가워서 장난감을 가지고 놀았는데 왜 야단을 쳐.

내가 엄마 오기를 얼마나 기다렸는데, 얼마나 엄마랑 같이 놀고 싶었는데.

그게 그렇게 때리고 혼낼 일이야.

나같으면 '엄마 기다리느라 힘들었지? 엄마 힘드니까 장난감 좀 정리해줄래?' 이렇게 말하겠어.

그게 그렇게 애들을 패고, 악을 빡빡 쓰면서 '니네들이 없어져야 돼'라고 말할 일이야?

내가 얼마나 상처받았는지 알아?

당신은 엄마도 아니야.

당신은 엄마도 아니고 사탄도 아니고 악마야.

맞아 너는 악마야. 악마야. 악마야.

"새롭게 알게 된 것에 대한 소감을 한마디 한다면?"
아가로 돌아가서 엄마가 때렸을 때를 얘기할 때 가슴 아래가 굉장
히 아프게 느껴졌고, 처음에는 화가 안 나오다가, 소리 지르면서 명
료해졌어요.
그냥 화내는 거야. 이게 가장 분명한 길이야.
그 사람은 악마였어.
의로운 화는 명료하고 나를 살려줘요.

2

우울 감정

내 상처, 고통, 외로움, 무서움에 너무 갇혀 있어서
불행을 불행인지 모르고 살았는데 이제는 분리해야겠어요.

나 자신의 판단을 믿지 못한다는 것은 엄청 불안하긴 한데
이제는 틀린 선택이라도 나 자신을 믿어봐야겠어요.

- 본문 중에서 -

억울한 우울 1

저와 동생은 연년생으로 한 살 차이입니다. 동생이랑 TV를 보는데 동생이 리모컨을 갖고 주지를 않아서 동생과 다툼이 일어나자 엄마가 나를 보고 "네가 참아." 하고 또 동생 편을 듭니다.

"그 장면에서 나를 불편하게 하는 것은
눈에 보이는 것인가요? 귀에 들리는 소리인가요?"
귀에 들리는, 무조건 참고 양보하라는 뉘앙스의 "네가 참아" 하는
소리.

"그때 어떤 감정을 느꼈나요?"
내 말을 안 들어줘서 억울한 우울.

"그때 엄마가 나를 어떻게 취급한다고 느끼셨나요?"
나만 조용히 시키면 돼.

"'나만 조용히 시키면 돼'는 어떤 의미인가요?"
있는 듯 없는 듯한 존재.
사라져도 아무도 모를 것 같은 존재.

"그때 엄마가 어떻게 해 주기를 바랐나요?"

언니도 볼 수 있게 해라.

내 편이 되어줬으면 좋겠어요.

"그때 엄마에게 어떻게 하고 싶으셨나요?"

나도 보고 싶은 거 있고, 하고 싶은 거 있어. 왜 나만 참아야 돼.

나도 하고 싶은 거 하고 싶어.

왜 동생 편만 들어. 내 편 들어줘.

왜 나만 참고 나만 양보해야 되는데?

이 집에는 왜 내 편은 하나도 없어?

내 말은 듣지도 않고, 맨날 영희. 영희.

이럴 거면 왜 낳았어. 놓지를 말지.

영희는 욕 나올 만큼 싫어.

"새롭게 알게 된 것에 대한 소감을 한마디 한다면?"

어릴 때 많이 힘들었구나.

억울한 우울 2

나는 어릴 때 입양된 입양아입니다. 초등학교 때 학교 선생님이 갑자기 불러서 "얘네들이랑 같이 도둑질했냐?"라고 추궁하고, 양부모님께도 도둑질했다고 얘기하고, 나는 안 했다고 하는데도 선생님이나 양부모님은 내 말을 안 믿어주는 장면입니다.

"그 장면에서 나를 불편하게 하는 것은
눈에 보이는 것인가요? 귀에 들리는 소리인가요?"
눈에 보이는, 선생님의 의심하는 눈초리.
귀에 들리는, 선생님의 추궁하는 말투.

"그때 어떤 감정을 느꼈나요?"
안 믿어주는 것에 대한 억울한 우울.

"그때 나는 어떻게 취급받는다고 느끼셨나요?"
'넌 당연히 했을 거야'라는 편견으로 추궁받는 느낌이었어요.

"당연히 했을 거야 라는 편견으로 추궁받는 것은 어떤 의미인가요?"
나를 아무도 안 믿는다는 것.

나를 거짓말하는 사람으로 취급하는 것.

내가 진실을 말해도 안 믿어줘요.

그래서 버림받을 거 같아요.

버림받는 것은 혼자 방치되는 건데, 그러면 내 존재가 사라져요.

"그때 선생님이 어떻게 해주기를 바라셨나요?"

우선 교실에서 그런 얘기를 하는 게 아니라 따로 불러서 얘기하고

내 얘기를 믿어주기를 바랬어요.

입양된 아이라는 안 좋은 눈빛으로 안 봤으면 좋겠어요.

"그때 선생님에게 어떻게 하고 싶으셨나요?"

걔네 둘이 한 거지 나는 모르는 거야.

나 도둑질 안 했어. 왜 내 말을 안 믿어?

다른 애들도 있는데 왜 교실에서 그런 말을 해.

나는 모르는 일인데 왜 자꾸 나한테 추궁해.

나는 안 그랬는데 왜 나를 의심해? 왜 내 말을 안 믿어?

입양된 사람이라고 왜 눈빛을 그렇게 해. 나는 안 그랬다고.

나는 한 적도 없는데 왜 나까지 끌어들여.

나도 모르는 일인데 왜 내가 의심받고 혼나야 돼?

내가 안 그랬는데 나한테 왜 그래. 나 엄청 억울해.

나는 아무것도 안 훔쳤다고.

내가 왜 의심을 받아야 돼? 내가 뭘 잘못했는데?

나한테 왜 그래. 내가 뭘 잘못했어?

내가 모르는 일까지 왜 내가 추궁받아야 돼?

난 안 그랬다고. 왜 내 말을 안 믿어.

나한테 왜 그래. 난 아니라고.

왜 편견을 갖고 사람을 보는데. 나는 굉장히 억울해.

"새롭게 알게 된 것에 대한 소감을 한마디 한다면?"

그때부터 사람들의 환경 갖고 보는 시선에 대해서 불편했던 것 같아요.

그래서 그 이후로 집에 대한 얘기를 안 하게 되었어요.

그때 굉장히 억울했는데, 슈퍼 아줌마가 CCTV를 제공해서 내가 도둑의 누명을 벗을 수 있었어요.

그리고

그 친구 집에 가서 할머니 저금통도 훔쳤냐고 추궁받을 때도 엄청 억울했어요.

절망의 우울

어린 시절 아버지가 술 취해서 잠을 안 재워주고 모기장 안에서 나는
아버지 다리를 주무르고 있어요. 방문 밖이 파랗게 변했어요. 새벽이
왔어요.

"그 장면에서 나를 불편하게 하는 것은
눈에 보이는 것인가요? 귀에 들리는 소리인가요?"
눈에 보이는, 새벽이 밝아 오는 것.

"그때 어떤 감정을 느꼈나요?"
절망의 우울.

"그 상황을 어떻게 받아들였나요?"
감당할 수 없는 거예요.

"감당할 수 없다는 것은 어떤 의미인가요?"
아무것도 할 수 없고,
내 마음대로 할 수도 없고,
어쩔 수 없구나.

쓸모없구나. 〈한동안 흐느껴 움〉

"그때 아버지가 어떻게 해주기를 바랬나요?"
……

"그때 아버지에게 어떻게 하고 싶으셨나요?"
……

"새롭게 알게 된 것에 대한 소감을 한마디 한다면?"
어린 시절에 자신을 쓸모없다고 스스로 낙인을 찍었네요.
그 나이에. 그때 벌써. 〈한동안 흐느껴 움〉

외롭고 슬픈 우울

아빠가 엄마랑 헤어지고 새엄마가 들어와서 같이 살 때인데, 중학교
때 아파서 몸에는 열이 나고 온몸이 땀으로 축축한데 병원도 못 가고
혼자 방에 방치되어 있는 장면입니다.

"그 장면에서 나를 불편하게 하는 것은
눈에 보이는 것인가요? 귀에 들리는 소리인가요?"
피부에 뜨거운 열이 나고 온몸이 축축한 느낌이요.

"그때 어떤 감정을 느꼈나요?"
외롭고 슬픈 우울요.

"그때 나는 어떻게 취급받았다고 느꼈나요?"
아무도 돌봐줄 사람이 없는 존재라고 느꼈어요.

"돌봐 줄 사람이 없다는 것은 어떤 의미인가요?"
엄마 아빠가 나를 돌봐주지도 않고, 소중하지도 않고, 가치가 없는 것.
소중하지 않은 것은 부서질 것 같은 거에요.
결국은 깨지고, 조각나고, 사라지겠죠.

"그때 가족이 어떻게 해 주기를 바랬나요?"

새엄마가 병원에 데려가든지 같이 있어 주기를 바랬어요.

"그때 새엄마에게 어떻게 하고 싶으셨나요?"

내가 아픈 거 몰랐냐?

아무리 친딸은 아니지만 딸한테 신경 좀 써라.

왜 우리 집에 들어와서 아빠도 뺏어가고 엄마도 내쫓고, 왜 이렇게 못됐어?

밥도 안 챙겨주고, TV도 안 보여주고, 왜 이렇게 독하냐.

우리 집에 뭐 보고 들어왔냐.

돈이 없으니 우리를 무시하냐.

그러고도 너가 양심 있는 인간이냐?

당장 나가. 우리 엄마 데려와. 너 나가.

그냥 발로 차고 때려주고 싶어요.

엄마하고 살고 싶어. 엄마한테 보내줘.

"새롭게 알게 된 것에 대한 소감을 한마디 한다면?"

새엄마가 무서웠는데, 가슴이 뻥 뚫렸어요.

엄마가 재혼해서 힘들었었는데 답답하고, 안타깝고, 혼란스러운 마음이 편해졌어요.

죄책감에 자책하는 우울

어린 시절 골목길에서 아버지가 동생을 때리는 장면이 떠오릅니다.

"그 장면에서 나를 불편하게 하는 것은
눈에 보이는 것인가요? 귀에 들리는 소리인가요?"
눈에 보이는, 검은 어둠과 내리치는 모습.
귀에 들리는, 맞는 소리와 신음 소리.

"그때 어떤 감정을 느꼈나요?"
죄책감에 자책하는 우울.

"그 상황을 어떻게 받아들였나요?"
나 때문이다.

"나 때문이라는 것은 어떤 의미인가요?"
나 자신에 대한 원망.
이 사건을 막지 못했다는 것. 그리고 원인이 나라는 것.
죄책감의 느낌이 천정까지 올라가 있어요.
죄책감에 짓눌려 있어요.

무겁고, 무섭고, 아프고, 답답해요.

나라는 존재는 콩알만 해요.

"그때 나는 무엇을 바랬나요?"

없었던 일로 되기를 바랬어요.

그런 일이 일어나지 않기를 바랬어요.

내가 기억하지 못하기를 바랬어요.

내가 보지 않고 듣지 않았기를 바랬어요.

그리고 내가 죄책감을 가지고 있지 않았기를 바랬어요.

"그때 나는 어떻게 하고 싶으셨나요?"

미안하기도 하고 미안하지 않기도 하고…

내가 피해자인데 내가 가해자인 것처럼 느껴져서 나도 힘들어.

동생은 그 사실을 알지 못하겠지만, 지켜보면서 혼자 감당한 나는 힘들어.

내가 힘들 때마다 아무도 없었어.

아무도 나한테 말해준 사람이 없었어. 항상 혼자였어.

동네 사람들도 힘든 일 했다고 말하지 않았고.

억울한 건지, 외로운 건지, 인정받고 싶은 건지 모르겠어요.

동생을 내리치는 아버지에 대한 분노도 느껴지고.

이 사건을 막지 못했다는 나 자신에 대한 원망과 죄책감이 너무 커요.

"죄책감을 느끼는 어린 나에게 어떻게 하고 싶으세요?"

네가 혼자가 아니다. 내가 옆에 있어.

너 잘못이 아니라고. 네가 감당할 수 없는 일이라고.

네가 잘못한 게 아니라 어쩔 수 없는 거야.

너 때문이 아니야. 그 일은 그냥 사고였어.

네가 어쩔 수 없었다는 것을 인정하자.

네가 나약했다는 것을 인정하자

네가 겁쟁이였다는 것을 인정하자

네가 비겁한 것도 인정하자.

네가 더 중요했던 거야. 인정하자.

아버지는 정상이 아니었고, 동생은 사고였고, 나는 무서웠고 비겁했고, 그것이 다야.

"새롭게 알게 된 것에 대한 소감을 한마디 한다면?"

죄책감을 갖고 있는지는 알았지만 이렇게 클지는 몰랐어요.

제 자신을 인정하는 순간에 왼쪽 가슴이 편안해지면서 희열이 느껴졌어요.

엄마에게 버림받은 것 같은 우울

어릴 때 엄마 아빠가 이혼을 하고 따로 살다가 어느 날부터 외할머니
랑 엄마랑 다시 같이 살았는데, 엄마가 재혼을 하러 떠나기 전날 밤에
자고 있는데 엄마가 옆에 누워서 우는 소리가 들려요.

"그 장면에서 나를 불편하게 하는 것은
눈에 보이는 것인가요? 귀에 들리는 소리인가요?"
귀에 들리는, 엄마가 울고 있는 소리.

"그때 어떤 감정을 느꼈나요?"
엄마가 우리를 떠날지도 모른다는 불안.
엄마에게 버림받을 것 같은 우울.

"그 상황을 어떻게 받아들였나요?"
엄마가 떠날지도 모른다고 느꼈어요.

"떠난다는 것은 어떤 의미인가요?"
엄마 없는, 다시 외로운 아이가 되는 것.
기다릴 수밖에 없는 슬픈 아이가 되는 것.

174

충분히 사랑받지 못하는 아이로 약해지고, 흔들리고, 부서질 것 같아요.

살아가는 것이 너무 고통스럽고 세상이 버티기가 힘들어요.

텅 빈 것처럼 하루하루 버텨 나가는 것.

"그때 엄마가 어떻게 해주기를 바랬나요?"

같이 가자고 말하면 좋을 것 같아요.

떠나가도 금방 돌아온다고 말해주기를 바랬어요.

"그때 엄마에게 어떻게 하고 싶으셨나요?"

엄마 없이 잘 살 수 없어요.

엄마랑 같이 살아서 몇 년 동안 너무 좋았는데 왜 그렇게 마음이 변했냐고 물어보고 싶어요.

딸이 불쌍하지 않냐? 할머니가 불쌍하지 않냐?

엄마 없어서 힘들었어. 가지 마. 가지 말라고.

우리 버리지 마.

"새롭게 알게 된 것에 대한 소감을 한마디 한다면?"

그때는 원망스럽기도 하고, 야속하기도 하고, 미웠는데 이제는 이해하고, 용서하고 싶어요.

내 안에 아이가 같이 살고 있었네요.

힘이 많이 생겼구나. 몸이 가벼워지는 느낌이 들어요.

이제는 당당히 두 발로 서는 느낌이 들어요.

무서운 불안과 가치 없는 우울

어릴 때 외할머니를 우리 집에서 모셨는데 외삼촌이 이웃에 살면서 자주 우리 집에 왔어요. 외삼촌은 엄하고, 꾸지람을 많이 하는 무서운 분이었어요. 어떤 내용인지는 기억이 나지 않지만 외삼촌에게 혼나는 장면, 혼내는 얼굴만 생각나요.

"그 장면에서 나를 불편하게 하는 것은
눈에 보이는 것인가요? 귀에 들리는 소리인가요?"
눈에 보이는, 부릅뜬 눈이랑 화난 얼굴 표정.

"그때 어떤 감정을 느꼈나요?"
무서운 불안과 가치 없는 느낌의 우울.

"그때 외삼촌이 나를 어떻게 취급한다고 느끼셨나요?"
쓸모없는 놈.

"쓸모없는 놈은 어떤 의미인가요?"
가족에게 도움이 안 되는 존재.
없어도 되는, 없는 게 나은 존재.

"그때 외삼촌이 어떻게 해주기를 바랬나요?"
다른 집 삼촌처럼 칭찬해주고 따뜻하게 대해주기를 바랬어요.

"그때 외삼촌에게 어떻게 하고 싶으셨나요?"
너무 뭐라 하지 마!
누나한테 하듯이 나한테도 따뜻하게 대해줘!
소리치지 마! 인상 쓰지 마!
우리 집에 오지 마!
자기 화나는 걸 왜 나한테 화내. 그만 좀 해! 당신이나 잘해!
혼내고, 소리치고, 화내고, 눈 부릅뜨고, 그만해! 그만하라고!

"새롭게 알게 된 것에 대한 소감을 한마디 한다면?"
화난 얼굴 표정, 굳은 얼굴의 상사만 보면 몸이 경직되는 이유를 알
것 같네요.

어쩔 수 없어서 곤란한 우울

학창 시절에 엄마와 아빠가 이혼해서 큰아빠 집에서 살았는데, 사촌 동생과 싸울 때 동생이 "여기는 누나 집도 아니잖아."라며 대들고, 할머니는 누나가 참으라고 하면서 혼내는 장면이 떠오르네요.

"그 장면에서 나를 불편하게 하는 것은
눈에 보이는 것인가요? 귀에 들리는 소리인가요?"
눈에 보이는, 사촌 동생의 인상 쓰고 대드는 모습.
귀에 들리는 "누나 집도 아니잖아"라는 신경질적인 말투와 내용.

"그때 어떤 감정을 느꼈나요?"
어쩔 수 없어서 곤란한 우울.

"그 상황을 어떻게 받아들였나요?"
나는 무시해도 되는 존재.

"무시해도 되는 존재는 어떤 의미인가요?"
하찮은 존재.
버림받고 지켜주지 못해서 무시 받는 존재.

내 존재가 쪼그라들고 희미해지고 없어지겠죠.

"그때 사촌 동생이 어떻게 해주기를 바랬나요?"
집에 가라는 소리는 안 했으면 좋겠어요.
누나로 인정해주면 좋겠어요.

"그때 사촌 동생에게 어떻게 하고 싶으셨나요?"
나도 가고 싶은데 어쩌라고~ 갈 데가 없는데.
그렇게 말하면 너무 상처 받아.
나도 가고 싶어.
너한테 무시 받으면서 여기 살고 싶지 않아.
엄마 아빠 없다고 무시하지 마.
우리 엄마가 데리러 올 거야.
누나랑 사이좋게 살자.

"새롭게 알게 된 것에 대한 소감을 한마디 한다면?"
요즘 남편에게 느끼는, 존중 받지 못하고 무시 받는 기분이나, 짜증
내면서 비난하듯이 말하는 목소리라든가, 말문이 막혀서 어쩌지 못
하는 답답함이나, 억지를 부리는 듯할 때 느끼는 억울한 마음이 옛
기억과 맞물려 있어서 내 반응이 나오는 거 같네요.

수치스러운 우울

우리 팀이 원래 오후에 하는 일을 다른 팀이 오전에 와서 하고는, 나에게 왜 빨리하지 않았냐고 급작스럽게 공격적인 말투로 무례하게 말을 하는데, 정작 내가 불편한 건 주위의 시선이었습니다.

그런 느낌의 어린 시절을 떠올려보니 아버지랑 구걸할 때 길거리에서 자고 일어났는데 지나가는 사람들이 나를 보는 장면입니다.

"그 장면에서 나를 불편하게 하는 것은
눈에 보이는 것인가요? 귀에 들리는 소리인가요?"
눈에 보이는, 지나가는 사람들의 시선.

"그때 어떤 감정을 느꼈나요?"
수치스럽고 부끄러운 우울.
처지가 온전하지 않아서 느끼는 불안.
내 처지에 대한 화.

"그 상황을 어떻게 받아들였나요?"
그 사람들이 나를 무시한다고 느꼈어요.

"무시받는다는 것은 어떤 의미인가요?"

화나고, 불쾌하고, 치욕스럽고, 부끄럽고, 창피하다.

나를 내려다보는 시선에 그 순간 나 혼자라는 느낌. 아무도 모르는.

나의 상황을 알아주지 않았다는 것.

상실감. 기분을 한 번도 존중받지 못했어요.

외로움. 정서적인 호응이나 표현이 없었어요.

어쩔 수 없는 처지. 당당할 수 없는 처지.

내 마음을 알아주는 사람이 없어요.

나 혼자 그 시선을 신경쓰고 있어요.

나를 쳐다보는 눈빛에 당당할 수 없어요.

시선들에 갇혀 있는 느낌이 들어서 그 시선에서 자유롭지 못해요.

"그때 사람들이 어떻게 해주기를 바랐나요?"

웃어주기를 바랐어요. 잘 대해주기를 바랐어요.

"그때 그 사람들에게 어떻게 하고 싶으셨나요?"

창피하고 부끄러운 걸 그 사람들에게 던져버리고 안 부끄러운 척하
고 싶었어요.

'그래 나 이런 데서 잤다. 어쩔래?' 하면서 큰 소리 치고 싶었어요.

그렇게 쳐다보지 마. 내가 불편해.

그냥 힐끗힐끗 쳐다보지 말고 바로 쳐다봐.

그런 데서 안 자고 싶었어요. 시선에 주눅들었네.

그래 내가 이런 데서 잤어. 그래서 어쩌라고?

내가 이런 데서 자고 싶어서 잤어? 나도 어쩔 수 없었어.

나도 기분 안 좋아. 창피해. 부끄러워.

애야, 여기서 잤구나. 잘 잤니? 몇 살이야? 그렇게 물어봐 줘. 그래야 내가 덜 부끄러울 거 아냐.

나는 아직 초등학교도 안 들어간 아이야.

내가 지나가는 어른이라면 그렇게 하지 않아. 조용히 도와줄 거야.

너네들이 어른이야? 그 시선을 거두란 말야.

어린 아이를 보호해주고 보호를 못해주면 그냥 조용히 지나가.

왜 나를 흘끔흘끔 쳐다보는 거야.

흘끔흘끔 보는 그 시선에 자존심이 상해.

어른의 시선으로 나를 대하든지 아니면 그냥 지나가.

○○야

이제야 알겠다. 니 기분을 이제야 알겠다.

네 마음을 몰라줘서 외로웠던 마음 알아줄게.

아무도 몰라준 걸 내가 알아줄게.

"새롭게 알게 된 것에 대한 소감을 한마디 한다면?"

내가 이 사람한테 100% 투사를 했구나.

막연히 알았지만, 확실히 알았어요.

타인의 시선을 신경 쓰느라 앞에 것을 못 보니 얼마나 억울하고 짜증 나고 신경질 나고 그랬겠어요.

이 억울함도 결국은 나한테서 오는 거네요.

부끄럽고 창피한 우울

초등학교 1학년 때 화장실에 가고 싶어서 가야 되는데, 선생님이 무서워서 말도 못하고 참고 있다가 교실에서 그만 소변을 실수했는데, 선생님은 굳은 표정으로 나를 바라보고 있고, 친구들은 웅성웅성 거리고 있는 장면입니다.

"그 장면에서 나를 불편하게 하는 것은
눈에 보이는 것인가요? 귀에 들리는 소리인가요?"
눈에 보이는, 선생님의 굳은 표정과
귀에 들리는, 친구들의 웅성거리는 소리.

"그때 어떤 감정을 느꼈나요?"
자책감과 부끄럽고 창피한 우울.

"그때 나는 어떻게 취급받는다고 느끼셨나요?"
못난 아이, 이상한 아이로 취급받는다고 느꼈어요.

"이상한 아이라는 것은 어떤 의미인가요?"
그 사람들과 어울리지 못할 것 같은 느낌.

버림받고, 따돌릴 것 같은 느낌.

그렇게 되면 내가 못살 것 같은 것입니다.

"그때 선생님과 친구들이 어떻게 해주기를 바라셨나요?"

아무렇지 않게 봐 줬으면 하고 바랬어요.

괜찮냐고 물어봐 주기를 바랬어요.

웅성거리지 않고 그냥 있었으면 하고 바랬어요.

"그때 선생님과 친구들에게 어떻게 하고 싶으셨나요?"

그렇게 보지 마.

그렇게 웅성거리지 마.

그렇게 이상하게 보지 마. 못난 아이 취급하지 마.

니들도 실수할 수 있잖아.

친절하게 뒤처리 좀 잘해 줘.

그걸로 나에게 뭐라 하지 말고 괜찮다고 얘기해줘.

나도 창피하니까 웅성거리지 마.

괜찮냐고 물어봐 주고 친절하게 대해줘.

이상한 애라고 소문내지 마.

굳은 표정으로 보지 마. 실수할 수도 있잖아.

선생님이 무서워서 참다가 그랬잖아.

어쩔 수 없었어. 그렇게 보지 마.

나도 부끄럽고 힘들다고.

"새롭게 알게 된 것에 대한 소감을 한마디 한다면?"

제가 잘못하거나 하면, 행동 자체도 부자연스럽고 불편한데

이 행동 뒤에 '비난을 받으면 어떡하지?'가 깔려 있는 것 같아요.

초등학교 때 실수했을 때도

'내가 이상한 애로 취급받으면 어떻게 하지?'가 깔려 있었네요.

부끄럽고 외로운 우울

초등학교 다닐 때 다른 친구들은 운동화를 신고 다녔는데 나는 털신을
신고 다녀서 수업을 마치고 친구들은 줄넘기를 하는데 나는 거기에 끼
지 못하고 혼자 멀리서 구경하는 장면입니다.

"그 장면에서 나를 불편하게 하는 것은
눈에 보이는 것인가요? 귀에 들리는 소리인가요?"
눈에 보이는, 나의 털신.

"그때 어떤 감정을 느꼈나요?"
답답하고, 막막하고, 외롭고, 부끄러운 우울을 느꼈어요.

"그 상황을 어떻게 받아들였나요?"
내가 이쁘지가 않아서 끼일 수가 없다. 나는 왕따다.

"왕따는 어떤 의미인가요?"
배척되고, 나 혼자 외롭고, 심심하고, 우울하고
힘이 없어서 서 있지를 못하여 누울 거 같은
방전되어서 희미해지고 텅비어지고 쓸모가 없어지는 것이에요.

비참하고, 대등하지 않고, 하찮게 느껴지고
누구도 알아주지를 않으니까 투명인간이 된 것 같아요.

"그때 친구들이 어떻게 해주기를 바랬나요?"
신발을 부끄럽게 여기지 않도록 배려해주길 바랬어요.
나도 같이 놀아주기를 바랬어요.

"그때 친구들에게 어떻게 하고 싶으셨나요?"
너네들은 나쁘다. 왜 나를 외롭게 하니.
외롭게 있는 걸 모르니? 못 보는 거니?
나도 같이 놀아줘. 도와줘. 같이 놀고 싶어.
나까지 별 볼일 없는 건 아니잖아.
나를 무시하지 마.

"새롭게 알게 된 것에 대한 소감을 한마디 한다면?"
어릴 때나 지금이나 사람들과 잘 못 어울리는 것.
나 자신을 부끄러워하는 것은 보이고 싶지 않은 털신과 같은 것이
었네요.
그 사람들과 다른 나는 털신과 같은 존재였네요.
에어로빅 모임의 멤버들이 나에게 보내는 '별나다'라는 눈빛이 어
린 시절에서 비롯된 상처였네요.

소외 받아서 원망스런 우울

어릴 때 엄마가 동생들 생일 때는 친구들까지 불러서 파티를 열어줬는데 내 생일 때는 내 생일도 잊어버리고 챙겨주지도 않고 모임을 나가서 전화도 받지를 않아서 혼자 방에서 울고 있는 장면입니다.

"그 장면에서 나를 불편하게 하는 것은
눈에 보이는 것인가요? 귀에 들리는 소리인가요?"
연락을 안 받는 엄마의 전화벨 소리.

"그때 어떤 감정을 느꼈나요?"
소외 받아서 원망스런 우울이요.

"그때 나는 어떻게 취급받았다고 느꼈나요?"
축하를 받아야 되는데 축하를 못 받는 사람.

"축하를 못 받는 사람은 어떤 의미인가요?"
태어나지 말았어야 되는 존재.
아무도 환영하지 않는 존재.
쓸모가 없어서 없어져도 모를 것 같은 존재.

존재 자체가 없어요.

"그때 엄마가 어떻게 해 주기를 바랬나요?"
당연히 축하해주기를 바랬어요.
그냥 써프라이즈라고 파티를 해주기를 바랬어요.
진짜로 내 생일을 잊어버렸으면 사과받고 싶었어요.
안 좋은 생각을 안 하게 해주기를 바랬어요.
나를 신경써주고 나를 챙겨주기를 바랬어요.

"그때 엄마에게 어떻게 하고 싶으셨나요?"
동생들 생일은 안 까먹으면서 왜 내 생일은 까먹어.
왜 내 생일은 안 챙겨줘.
나는 축하받아야 되는 날에 왜 혼자 울게 만들어.
오늘이 내 생일이라고. 왜 안 챙겨줘.
왜 내 생일만 안 챙겨줘.
나도 생일날 축하받고 싶어.
축하받아야 될 날에 왜 축하를 안 해줘.
왜 내 생일만 까먹어. 왜 내 생일에만 놀러 가.
나도 어리단 말이야. 나도 챙김받아야 할 나이야. 근데 왜 안 챙겨줘.
왜 내 생일날만 맨날 집 비워.
나는 왜 축하는 못 받고 맨날 축하만 해줘야 돼.
나도 축하받아야 할 날에는 축하받고 싶어.
내 생일에도 축하 좀 해줘.

나도 가족이라고, 왜 맨날 나만 까먹어.

나 빼고 니들만 가족이야? 나도 가족이잖아. 나도 챙기라고.

나도 챙겨줘. 축하해 줘.

나도 생일 파티 열어줘. 나도 해보고 싶었다고.

나한테 미안하다고 사과해. 난 꼭 사과를 받고 싶어.

그래야 내 아픔이 가실 거 같애. 그러니까 꼭 사과해.

나 주인공 안 만들어준 거 사과해. 내 생일 축하 안 해준 거 사과해.

생일날 나 혼자 둔 거 사과해. 나 소외감 느끼게 한 거 사과해.

다른 애들만 챙긴 거 사과하라고.

나한테 미안하다고 하라고. 나한테 사과해. 제발~

"새롭게 알게 된 것에 대한 소감을 한마디 한다면?"
생일에 챙김을 못 받아서 그런지 좋은 추억도 없고
생일에 대해서 많이 무뎌진 것 같아요.
올해는 생일날 얘기해서 가족의 축하를 받아야겠어요.

외면 받는 우울

나는 무시 받는 느낌이 들거나 서운한 마음이 들면 내가 뭔가 잘못하고 부족해서 외면 받을 것 같고 버려지고 환영받지 못할 것 같은 느낌이 듭니다.
어렸을 때 엄마 때문에 집에 빚쟁이들 전화가 왔는데, 엄마가 집에 있다고 말해서 엄마가 곤란해져서 엄마, 누나, 외할머니에게 많이 혼나고 미움을 받았어요. '너는 쓸모없다'는 말로 핀잔 듣고 질책을 받던 장면입니다.

"그 장면에서 나를 불편하게 하는 것은
눈에 보이는 것인가요? 귀에 들리는 소리인가요?"
귀에 들리는, 쓸모없다는 말.

"그때 어떤 감정을 느꼈나요?"
하찮은 존재로 외면 받는 우울.

"그때 나는 어떻게 취급받는다고 느끼셨나요?"
배척 받아 버려지는 느낌이었어요.

"그때 엄마, 누나, 외할머니에게 어떻게 하고 싶으셨나요?"

나도 몰랐어.

집안 가훈은 정직인데 왜 나보고 거짓말을 시켜.

내가 그렇게 잘못했어? 있는 대로 얘기했잖아.

내가 어려서 몰랐던 건데 왜 그렇게 '쓸모없는 사람' 취급하는데?

내가 일부러 엄마 곤란하게 한 거 아니잖아. 그렇게 미워하지 마.

나한테 쓸모없다고 말하지 마.

그렇게 나를 윽박지르면 내가 주눅들잖아. 무서워서 말도 못하잖아.

한심한 사람처럼 보지 마. 잘못한 사람처럼 야단치지 마.

엄마가 잘못한 거지 내가 잘못한 거 아니잖아.

나 때문에 집안이 잘못된 거 아니잖아. 잘못한 애처럼 취급하지 마.

거짓말 시켜놓고 그거 못했다고 그러면 돼?

할머니도 나한테 그러면 안 되지. 엄마가 잘못한 건데.

누나도 나를 한심하게 보지 마. 그러지 마. 그렇게 취급하지 말라고.

왜 그렇게 주눅들게 하는데? 왜 그렇게 죄책감 들게 하는데?

엄마도 누나도 할머니도 나한테 그러지 마.

나 무시하지 말고 한심하게 보지 마. 그러지 마.

나는 이때까지 쓸모없는 사람인 줄 알고 살아왔잖아. 안 그렇다고.

그렇지 않다고.

"어린 나를 한번 보세요. 어린 내가 어떤가요?"

안쓰럽고, 안타깝고, 불쌍해요.

"어린 나에게 어떻게 하고 싶으세요?"

잘했다고, 고생 많이 했다고 쓰다듬어주고 싶어요.

안아주고 싶어요.

"안아서 쓰다듬어 주세요.

그리고 어린 나에게 뭐라고 하고 싶으세요?"

네가 잘못해서 그런 게 아니야.

네가 혼날 일 한 게 아니야.

고생했다. 고생했고, 너 잘못이 아니야.

많이 힘들었겠다.

네가 억울한 일이 없게 내가 지켜줄게. 내가 보호해 줄게.

네가 잘못한 게 아니야. 이제 내가 지켜줄게.

"새롭게 알게 된 것에 대한 소감을 한마디 한다면?"

아이 때 모습을 제대로 처음 본 것 같아요.

그때 되게 힘들었는데, 힘들었던 기억이 나고, 그걸 계속 묻어 뒀던

거 같고, 구체적으로 돌아간 건 처음이에요.

엄마, 누나, 할머니랑 각각은 했는데 한꺼번에 한 것은 처음이에요.

이 사람들이 나를 둘러싸고 있었구나. 거기서 힘들어하고 있었구나.

불쌍하네요. 애처롭고…

내 잘못이 아니라는 것이 제일 와닿는 거 같아요. 느낌이.

그 말이 제일 와 닿는 거 같아요.

여운이 아직 남아 있고, 생각보다 많이 힘들었구나.

그때 내가 혼자인 느낌. 그런 느낌. 버려지고 환영받지 못한 느낌.

그래서 계속 눈치 보고, 내가 항상 잘못했다는 느낌.

이제는 돌이킬 수 있을 것 같아요.

여기에서 연유가 되었구나. 이런 사건 때문에 나에게 이런 면이 있구나.

돌이켜 볼 수 있을 것 같아요. 연습도 필요하고…

소외 받는 우울

어릴 때 친한 친구네가 떡집을 하고 있었어요. 언젠가 그 집에 놀러 갔는데, 나는 밖에 있고, 친구와 친구 아버지는 집 안에 있었는데 두 사람은 화기애애하게 웃고 있으면서 나에게는 쌀쌀맞게 하는 장면입니다.

"그 장면에서 나를 불편하게 하는 것은
눈에 보이는 것인가요? 귀에 들리는 소리인가요?"
눈에 보이는, 아빠가 자기 딸만 챙기는 모습.
귀에 들리는, 빈정거리는 말투.

"그때 어떤 감정을 느꼈나요?"
내 기분은 안중에도 없는, 소외 받는 우울을 느껴졌어요.

"그때 그들이 나를 어떻게 취급한다고 느끼셨나요?"
소외 받는다고 느꼈어요.

"소외 받는다는 것은 어떤 의미인가요?"
하찮은 존재.

없어져요. 존재 가치가 없어요.

그래서 죽음과 연결되어 있어요.

"그때 그들이 어떻게 해주기를 바라셨나요?"

따뜻하게 대해주기를 바랬어요.

눈치를 덜 볼 수 있기를 바랬어요.

있는 대로 상황을 말해줬으면 하고 바랬어요.

"그때 그들에게 어떻게 하고 싶으셨나요?"

나한테 친절하게 대해줘.

누구 집 딸이 아닌 '나'로 인정해 줘.

상황을 알려주세요. 행동을 취할 수 있게.

왜 나를 헷갈리게 하죠? '싫으면 싫다. 놀러 오지 마라. 귀찮다.' 말을 해줘요.

어른이면 어른답게 행동해요.

내가 봤던 어른의 모습이 아니라 실망스러워요.

더럽고, 추잡하고, 비열한 인간.

"새롭게 알게 된 것에 대한 소감을 한마디 한다면?"

어린 시절 친구 아버지의 빈정거리는 시선에 상처를 많이 받았었네요.

어쩔 수 없는 상황이라 생각했는데, 못 견디게 싫었어요.

술은 좀 마시지만 순수한 우리 아버지가 나았어요.

한심스럽고 수치스러운 우울

초등학교 저학년 때 아버지랑 누나랑 장난감 가게 앞을 지나다가 내가 장난감을 사달라고 조르고 있는데, 아버지는 형편이 안 좋아서 나중에 사주겠다 하시고, 내가 계속 조르자 아버지는 얼굴이 굳어지시고, 옆에 있던 누나가 나를 질책하면서 한심스럽다는 듯이 경멸하는 표정을 하고 있어요.

"그 장면에서 나를 불편하게 하는 것은
눈에 보이는 것인가요? 귀에 들리는 소리인가요?"
눈에 보이는, 한심하다는 듯이 보는 누나의 경멸하는 눈빛.

"그때 어떤 감정을 느꼈나요?"
한심스럽고 수치스러운 우울.

"그때 누나가 나를 어떻게 취급한다고 느끼셨나요?"
쓰레기 같은 존재로 취급받는 느낌이 들어요.

"쓰레기 같은 존재로 취급받는다는 것은 어떤 의미인가요?"
쓸모없는 놈, 다른 사람한테 피해 주는 놈.

가족한테 마음의 상처를 주는 놈.

아주 잘못된 인간.

어디서도 환영받지 못할 것 같아요.

필요 없어서 버림받을 거 같아요.

버림받으면 살 수 없을 것 같아요

"그때 누나가 어떻게 해 주기를 바랐나요?"

좋은 말로 친절하게 얘기해 줬으면.

아버지 상황이 그렇다고 이해를 시켜줬으면.

그냥 다독여 줬으면.

그렇게 죄인처럼 취급 안 했으면 좋겠어요.

경멸하듯이 안 봤으면 좋겠어요.

"그때 누나에게 어떻게 하고 싶으셨나요?"

동생을 쓰레기같이 보지 마.

왜 나를 못난 사람처럼 취급해.

왜 그런 눈빛으로 보는데? 왜 경멸하듯이 보는데?

내가 쓰레기야? 왜 그렇게 경멸하듯이 봐.

왜 사람 미안하고 죄책감 들게 하는데? 그 이후로 수치심 들었잖아.

그렇게 하지 마. 잘해 줘.

동생을 그렇게 경멸하듯이 보면 어떡해. 그 뒤로 계속 힘들었잖아.

나 그렇게 보지 마. 나 그렇게 나쁜 놈 아니야. 나 쓰레기 같은 놈 아니야.

나쁜 놈 만들지 말고, 한심스런 사람으로 만들지 마.

나 쓰레기 같은 놈 아니야. 그렇게 한심한 놈 아니야.

나한테 그렇게 하지 마.

너나 잘해.

나 쓰레기 취급했던 거 사과해.

나 수치심 느끼게 한 거 사과해.

나 나쁜 놈 아니야, 잘못한 거 아니야. 사과해.

"새롭게 알게 된 것에 대한 소감을 한마디 한다면?"

누나가 나에게 영향을 끼쳤던 것 같아요.

누나는 맏이로 엄마 역할을 하면서 '너는 잘못됐다, 너는 문제다'고
많이 얘기했어요.

누나는 화가 많고 충동적이었는데 그때마다 나에게 많이 했어요.

잊고 있었는데, 누나도 불안정했는데 감정폭발을 나한테 했어요.

누나가 나한테 왜 그랬나 하는 생각도 들고,

옛날 생각하니까 미운 감정이 올라오네요.

속상하고 슬픈 우울

어릴 때 엄마가 4살 위의 언니에게 나를 맡기고 일을 나갔어요. 그런데 언니는 놀러 가면서 내가 귀찮다고 안 데리고 다녔어요. 그날도 놀러 가면서 '조금만 기다려. 좀 이따가 데리고 갈게' 하면서 놀러 나가서 사라진 장면입니다.

"그 장면에서 나를 불편하게 하는 것은
눈에 보이는 것인가요? 귀에 들리는 소리인가요?"
눈에 보이는, 사라진 언니의 모습.
귀에 들리는 '조금만 기다려. 이따가 데리고 갈게'라는 목소리.

"그때 어떤 감정을 느꼈나요?"
속상하고, 슬픈 우울을 느껴졌어요.

"그때 언니가 나를 어떻게 취급한다고 느끼셨나요?"
천덕꾸러기로 취급당한다고 느꼈어요.

"천덕꾸러기라는 것은 어떤 의미인가요?"
비빌 언덕이 없는 것. 쓸모없는 사람.

있으나 마나 한 존재.

없어도 되는. 아무도 찾지 않는, 없어져도 되는 존재.

"그때 언니가 어떻게 해주기를 바라셨나요?"

나를 챙겨서 데려가기를 바랐어요.

너는 너 친구랑 놀고, 자신은 자신 친구랑 놀고 싶다고 하면 됐어요.

나랑 놀아줬으면 좋겠어요.

"그때 언니에게 어떻게 하고 싶으셨나요?"

데려가기 싫으면 싫다고 말하지. 왜 그랬어.

도망가지 마. 정말 화난다. 속상해.

꼭 그딴 식으로 행동해야 돼?

언니랑 놀고 싶어.

거짓말하지 마.

싫어. 꺼져. 언니 안 봐도 돼. 속 알 딱지 없는 년.

"새롭게 알게 된 것에 대한 소감을 한마디 한다면?"

언니는 나보다 못한 사람이에요. 언니의 거절에 대해 비참해요.

나보다 못한 사람에게 의지하는 자신이 스스로 느끼는 비참함.

속상해서 자책하는 우울

어렸을 때 동갑내기 친구랑 한집에서 살았는데, 동갑내기 친구는 받아쓰기 100점을 받아서 칭찬받고 나는 20점을 받아서 혼나고 있는 장면입니다.

"그 장면에서 나를 불편하게 하는 것은
눈에 보이는 것인가요? 귀에 들리는 소리인가요?"
눈에 보이는, 친구는 칭찬받고 나는 혼나는 모습.

"그때 어떤 감정을 느꼈나요?"
속상해서 자책하는 우울.

"그때 엄마가 나를 어떻게 취급한다고 느끼셨나요?"
내가 하찮게 취급한다고 느꼈어요.

"하찮게 느껴진다는 것은 어떤 의미인가요?"
내가 아닌 것.
말 잘 듣고 공부도 잘해야 하는데, 못하고 실수하면 안 된다.
실수하면 인정 못 받을 거 같아요.

인정을 못 받으면 관심을 못 받아서
먼지같이 흩어지는 존재가 되는 거 같아요.

"그때 엄마가 어떻게 해 주기를 바랐나요?"
나도 인정받고 관심받고 싶었어요.
격려. 그럴 수 있어. 다음에 더 잘하면 되지.
다독여 줬으면 좋겠어요.
무시만 안 했으면 좋겠어요.
비교만 안 했으면 좋겠어요.

"그때 엄마에게 어떻게 하고 싶으셨나요?"
나도 잘하고 싶어. 나도 내 나름대로 노력했어. 인정해 줘.
못할 수도 있지. 왜 그래. 무시하지 마.
나도 잘하는 거 있는데 왜 내 장점은 안 봐줘?
왜 쟤랑 비교하는데? 애초에 출발선이 다르잖아.
왜 비웃어. 왜 나한테만 그래.
내가 공부 안 한 것도 아니고 나도 잘하고 싶었다고.
비교하지 마. 나도 부럽고 창피해.
내가 쟤보다 잘하는 거 봐 주지도 않고 왜 내가 못하는 거로만 수근
거려.
왜 내가 잘하는 건 칭찬 안 해줘. 왜 못하는 것만 그러는데.
웃지 마. 나도 자존심 상해.
왜 비웃어. 왜 무시해. 나도 소중한 사람이란 말이야.

나 투명인간 취급하지 마.

무시하지 마. 비교하지 마.

내가 잘하는 것 좀 봐줘.

니들 틀 안에서 잘하는 것만 보지 말라고.

왜 나를 안 봐줘. 나도 나름 잘하는 거 있잖아. 그걸 보라고.

"새롭게 알게 된 것에 대한 소감을 한마디 한다면?"

어렸을 때 그래서 실수를 안 하려고 그랬어요.

그래서 더욱 확인하는 게 더 많아요.

실수하면 다른 사람이 뭐라 할까 봐 아직까지는 두려움이 좀 있어요.

억울하고 갑갑한 우울

요즈음 나는 스트레스를 받거나 마음이 아플 때 역류성 식도염으로 인해 식사 중에 꺽꺽거리면서 트림이 나오는 현상이 있습니다. 그럴 때마다 고모는 나에게 밥 먹는데 자꾸 꺽꺽거린다고 나무라는 듯한 말투로 질책하곤 합니다.
어렸을 때도 고모는 내가 밥 먹을 때 쩝쩝대면서 먹는다고 나를 혼내는 장면입니다.

"그 장면에서 나를 불편하게 하는 것은
눈에 보이는 것인가요? 귀에 들리는 소리인가요?"
귀에 들리는, 높은 톤의 말과 "왜 자꾸 밥 먹으면서 쩝쩝대냐"는 말의 내용.

"그때 어떤 감정을 느꼈나요?"
억울하고 갑갑한 우울.

"그때 나는 어떻게 취급받는다고 느끼셨나요?"
가르쳐주지는 않고 야단만 치니까 억울한 느낌이 들었어요.

"억울하다는 것은 어떤 의미인가요?"

나에게 죄가 씌워지는 것이에요.

그것은 누명을 쓰고 나쁜 사람으로 낙인이 찍히는 거예요.

낙인이 찍히면 내가 작아져요.

내가 너무 작아져서 사람들이 나를 못 봐요.

결국엔 내가 없어져요.

"그때 고모가 어떻게 해주기를 바라셨나요?"

화내지 말고, 야단치지 말고, 어떻게 하는지 알려주면 좋겠어요.

당연히 모를 수 있는 거니까 차근차근 말로 해줬으면 하고 바랬어요.

"지금부터 고치면 돼"라고 격려해 주길 바랬어요.

"그때 고모에게 어떻게 하고 싶으셨나요?"

왜 밥 먹는데 뭐라 해?

일부러 그렇게 먹는 게 아니라 몰라서 먹는 거면 천천히 알려주면 되잖아.

왜 밥 먹다가 사람 기분 나쁘게 만들어.

모르는 거면 알려주면 되지. 왜 화를 내.

좋게 말로 하면 되잖아.

모를 수도 있는 거지 왜 야단쳐.

밥 먹다가 왜 화내.

나도 차근차근 하면 다 알아들어.

밥 먹다가 혼나면 얼마나 기분 나쁜지 알아?

밥 먹을 때 개도 안 건드린다는데 왜 그래?

어른이면 모르는 거 알려줘야 되는 거 아냐?

내 잘못이 아니잖아. 일부러 그렇게 먹는 거 아니잖아. 모르니까 그렇게 하는 거잖아.

내가 일부러 그렇게 했어? 아니잖아.

방법은 알려주지 않고 왜 혼내는데.

좋게 해도 되는 걸 왜 기분 나쁘게 해.

틀렸다고만 뭐라 할 게 아니라 방법을 알려줘야지.

내가 일부러 그러는 것도 아니잖아. 나한테 왜 그래? 내가 뭘 잘못했어?

혼만 내지 좀 말라고. 차근차근 알려주면 나도 다 알아들어.

"새롭게 알게 된 것에 대한 소감을 한마디 한다면?"

어렸을 때 먹을 때마다 혼나서 억울했구나.

지금도 다른 식구들이랑 밥 먹을 때 젓가락질로 혼나니까 같이 안 먹고 싶어요.

체념하는 우울과 기가 막히는 화

명절날 엄마랑 숙모들이 음식을 준비하고 있었는데, 4시쯤 작은 엄마가 애들보고 '배고프지? 뭐 먹을래?' 하는데, 그때 엄마가 '얘는 수줍어하고, 되게 얌전하다'고 하니까 작은 엄마가 '어~ 그래요?' 해서, 나는 약과도 먹고 싶고, 국에 말아 먹고도 싶었는데 말도 못 하고 밥만 먹었어요.

"그 장면에서 나를 불편하게 하는 것은
눈에 보이는 것인가요? 귀에 들리는 소리인가요?"
귀에 들리는, '얘는 이런 애야', '이것밖에 안 돼'라는 말투.

"그때 어떤 감정을 느꼈나요?"
체념하는 우울과 기가 막히는 화가 느껴졌어요.

"그때 엄마가 나를 어떻게 취급한다고 느끼셨나요?"
지들이 뭘 알아. 기가 막혀서. 웃기고 자빠졌네.
나중에 보자. 니들보다 훨씬 잘 될 거야. 꼴깝떤다.
이것밖에 안 돼.

"이것 밖에 안 된다는 것은 어떤 의미인가요?"

떨이. 가치가 없는 것.

내가 없어진다는 것. 혼자가 되는 것. 나를 버리는 것.

버려지면 보호막이 없어서 사자, 승냥이가 들어오는 느낌. 울타리가 없는 느낌이에요.

안전한 곳으로 도망가고 싶었어요.

"그때 엄마가 어떻게 해주기를 바라셨나요?"

작은 상차림으로 저만을 위한 명절 상을 받고 싶었어요.

오늘은 너 혼자 많이 누려봐. 마음속에 푸근함을 느끼고 싶었어요.

나를 헤아려주는 엄마였으면 하고 바랐어요.

"그때 엄마에게 어떻게 하고 싶으셨나요?"

엄마는 내가 그렇게 쪽팔려? 나를 보자기로 덮어놓은 느낌이야.

사람들한테 그렇게 얘기해야 돼?

엄마가 이러니까 내가 엄마를 싫어해.

내가 어떻게 살아왔는지 기억 못해?

이렇게밖에 말 못해?

친구랑 영화 보게 용돈 줘.

옷 사줘.

왜 나한테 이렇게 말하는지 소리치고 싶었어요.

저 사람들이 나를 어떻게 보겠어?

"새롭게 알게 된 것에 대한 소감을 한마디 한다면?"

그때는 죽지만 않으면 된다. 굶기지만 않으면 된다.

살기만 하면 된다. 이런 마음으로 살았어요.

이 사건이 엄마와 사이가 갈라지는 경험이었어요.

초라하고, 회피하고 싶고, 부끄러운 우울

중학교 때 동네 애들이랑 1~3년 정도 놀았는데, 어느 순간 동네 애들이 불러도 집에서 나가지 않고, 동네 애들이랑 놀지 않고 다른 동네 친구들이랑 놀았어요. 그 당시 아버지가 동네서 술 드시고 싸우고 하니까 동네 사람들이 아버지를 손가락질하는 게 느껴져서 나는 부끄러워서 얼굴을 들고 다닐 수가 없었어요.

"그 장면에서 나를 불편하게 하는 것은
눈에 보이는 것인가요? 귀에 들리는 소리인가요?"
눈에 보이는, 가겟집 딸과 떡집 딸.

"그때 어떤 감정을 느꼈나요?"
초라하고, 회피하고 싶고, 부끄러운 우울이 느껴졌어요.

"그 상황을 어떻게 받아들이셨나요?
그들은 행복하고 나는 불행하다고 느꼈어요.

"불행하다는 것은 어떤 의미인가요?"
싸우고, 술드시고를 반복하는 것.

나를 쪼그라들게 하는, 작게 만드는 것이에요.

없어지는 게 낫지 않을까? 부끄러움에 얼굴을 들고 다닐 수도 없고.

친구들과 다른 모습을 보여주기도 싫고.

친구들이 내 곁을 떠날 것 같아요.

외톨이. 왕따. 은따. 있으나 마나 한 존재예요.

"그때 그들이 어떻게 해주기를 바라셨나요?"

살갑게 대해주고 챙겨주기를 바랐어요.

같이 편하게 놀기를 바랐어요.

"그때 그들에게 어떻게 하고 싶으셨나요?"

그냥 편하게 이렇게 산다.

같이 놀고 싶다.

우리 집은 이런데도 우리 집에 갈래? 우리 집에.

"새롭게 알게 된 것에 대한 소감을 한마디 한다면?"

그때는 집에 아버지가 있을까 봐 창피해서 친구들을 데려가지 못했
는데, 친구들을 우리 집에 데려가서 놀고 싶었어요.

제가 만들어 놓은 틀에 제가 갇혔었네요.

모든 걸 내가 틀로 규정해 놓고 살아왔네요.

최근에 나의 모습이 어느 순간부터 예뻐 보여요.

부러운, 속상하고, 슬프고, 짜증나고, 소외의 우울

방학 때 이모 집에 갔는데 사촌이 무슨 일이 있는지 귀찮다는 태도를
보이고, 이모는 무슨 일이 있었는지 얘기하라고 하면서 듣고 싶어서 안
달나 합니다. 그러면서 방학에 놀러 간 나를 마치 종 부리듯이 이것저
것 시키는 장면입니다.

"그 장면에서 나를 불편하게 하는 것은
눈에 보이는 것인가요? 귀에 들리는 소리인가요?"
눈에 보이는, 귀찮다는 사촌 태도.
귀에 들리는, 궁금해 하는 이모의 목소리.

"그때 어떤 감정을 느꼈나요?"
관심 못 받은, 부러운, 속상하고, 슬프고, 짜증나고, 소외감, 화도 나
는 우울을 느껴졌어요.

"그 상황을 어떻게 받아들이셨나요?
나는 천덕꾸러기, 존재감이 없는, 있으나 마나 한 존재로 느꼈어요.

"존재감이 없는 것은 어떤 의미인가요?"

없어도 그렇게 불편하지 않은, 없어도 괜찮은.

무시당해도 되고, 그냥 죽는 것.

"그때 그들이 어떻게 해주기를 바라셨나요?"

나를 챙겨주기를 바랬어요.

우리 얘기를 했으면 바랬어요.

내 고민을 얘기할 수 있었으면 좋겠어요.

"그때 그들에게 어떻게 하고 싶으셨나요?"

자기밖에 모른다. 공주구나. 이기적이네. 개 싸가지 없다.

집에 가고 싶어. 역시 우리 집이 더 좋네.

나도 힘듦을 위로받고 공감받고 싶었어.

물건 취급을 하지 말아야지.

나는 너희들 몸종 아니라고. 개 쓰레기들.

"새롭게 알게 된 것에 대한 소감을 한마디 한다면?"

지금이라도 알게 된 게 어디냐… 축복.

짠하고, 슬프고, 속상하고, 안타깝고, 외롭고, 부끄러운 우울

초등학교 다닐 때 학교에서 합창반 대회가 있었어요. 그때 복장이 흰 브라우스에 치마를 입는 것이었는데, 나는 무대의상을 갖춰 입지 않고 서 있었고, 앞에서 누군가 짠하게 보는 장면입니다.

"그 장면에서 나를 불편하게 하는 것은
눈에 보이는 것인가요? 귀에 들리는 소리인가요?"
눈에 보이는, 짠하게 보는 시선.
눈에 보이는, 나만 열외인 모습.

"그때 어떤 감정을 느꼈나요?"
짠하고, 슬프고, 속상하고, 안타깝고, 외롭고, 허전하고, 부끄럽고,
억울한 우울을 느껴졌어요.

"그 상황을 어떻게 받아들이셨나요?
왜 나만 열외지? 왜 나만 제대로 입지 못했지?

"열외라는 것은 어떤 의미인가요?"

무리에 속하지 못하는 것.

열외. 외톨이. 숨고 싶었어요.

존재가 드러나지 않기를 바랐어요.

"그때 그 상황이 어떻게 되기를 바라셨나요?"

안절부절 못하고 있어요.

도망가고 싶었어요.

집에 가고 싶었어요.

존재가 없어지질 바랐어요.

"새롭게 알게 된 것에 대한 소감을 한마디 한다면?"

그냥 편하게 있었어도 됐을 텐데…

더 크게 힘들어 했던 것 같아요.

만사 귀찮고, 회피하고 싶고, 에너지가
다운되는 우울

중학교 때 동창생이 나를 좋다고 하면서 뒤에서는 나에 대해 나쁜 얘기를 하는 애였어요. 나한테 자꾸 달라붙는 느낌이 드는 장면입니다.

"그 장면에서 나를 불편하게 하는 것은
눈에 보이는 것인가요? 귀에 들리는 소리인가요?"
귀에 들리는, 내가 좋다고 하는 말.

"그때 어떤 감정을 느꼈나요?"
만사 귀찮고, 회피하고 싶고, 에너지가 다운되는, 죽음에 대한 우울을 느꼈어요.

"그때 친구가 나를 어떻게 취급한다고 느끼셨나요?"
나 좀 봐줘. 나는 싫어.
자기가 가지고 놀기 좋은 애로 취급하는 느낌이었어요.

"가지고 놀기 좋다는 것은 어떤 의미인가요?"
말 잘 듣는 애로 만들고 싶어 하는 느낌.

또 죽을 이유가 생겼구나.

진짜 죽는 것. 이 세상에서 없어지는 것이에요.

"그때 친구가 어떻게 해주기를 바라셨나요?"

제발 나한테 관심 끄기를 바랬어요.

내 영역에 들어오지 않기를 바랬어요.

거절을 정확히 받아주기를 바랬어요.

다른 대상을 찾기를 바랬어요.

"그때 친구에게 어떻게 하고 싶으셨나요?"

나를 냅 둬.

네 의도대로 움직이지 않아.

귀찮게 하지 마.

일방통행 싫어.

"새롭게 알게 된 것에 대한 소감을 한마디 한다면?"

그때 친구의 일방통행이 아니라 서로 간절히 주고받기를 원했어요.

지금 생각해도 나한테 달라붙는 게 죽을 만큼 힘들었었네요.

기분 나쁜, 엿 같은, 찝찝하고, 더러운 우울

직장에서 학생의 사망 사건이 있었어요. 그 학생을 도와주지 못했다는
죄책감에 창문 넘어 운동장을 바라보는데 갑자기 그만 살았으면 좋겠
다, 그만 살고 싶다는 생각이 올라와요.
학생이 사망했던 그 당시 여러 명이 조사를 위해 학교를 방문했는데,
시시껄렁하게 농담을 주고받으면서 다른 선생님들과 나를 무시하는
태도를 보이고 있어요.

"그 장면에서 나를 불편하게 하는 것은
눈에 보이는 것인가요? 귀에 들리는 소리인가요?"
눈에 보이는, 시시껄렁한 그들의 태도.
귀에 들리는, 저속한 성적인 표현.

"그때 어떤 감정을 느꼈나요?"
기분 나쁜, 엿 같은, 찝찝하고, 더러운 우울을 느껴졌어요.

"그 상황을 어떻게 받아들이셨나요?"
바보처럼, 있지만 없는 존재처럼 무시 받는다고 느꼈어요.

"있지만 없는 존재처럼 무시 받는다는 것은 어떤 의미인가요?"

있어도 배려 받지 못하는 존재.

무가치한 존재, 하찮은 존재.

죽어서 없어져야 되는 존재.

"그때 그들이 어떻게 해주기를 바라셨나요?"

선생님으로 존중해 주길 바랬어요.

"그때 그들에게 어떻게 하고 싶으셨나요?"

그렇게 말을 함부로 하지 마. 내가 상처 받을 수 있어.

여기서는 성적인 농담 하지 마.

너무 막 나간다. 기분 나빠.

"새롭게 알게 된 것에 대한 소감을 한마디 한다면?"

그때 하고 싶었던 말을 못했구나.

그때 외면한 것에 대해 내 말을 못했구나.

나의 상황을 알릴 필요도 있고, 한마디 할 수도 있었을 텐데.

다 내가 여지를 줬구나.

나를 못 챙겨서 부담스러운 우울이었구나.

존재감 없는 슬픈 우울과 원통한 고통의 화

어릴 때 엄마에게 혼나던 장면인데, 엄마가 나를 혼내면서 "넌 필요 없어. 너 나가 뒈져."라고 소리치는 장면입니다.

"그 장면에서 나를 불편하게 하는 것은
눈에 보이는 것인가요? 귀에 들리는 소리인가요?"
귀에 들리는, 높은 톤의 목소리와 '너는 필요 없다'는 말투, "넌 필요 없어. 너 나가 뒈져."라는 말요.

"그때 어떤 감정을 느꼈나요?"
존재가 없는 슬픈 우울과 반항하고 싶고 원통한 고통의 화가 느껴졌어요.

"그때 엄마가 나를 어떻게 취급한다고 느끼셨나요?"
내가 안 필요하구나. 내가 정말 죽기를 바란다고 믿었어요.

"내가 안 필요하다는 것은 어떤 의미인가요?"
사라져라. 넌 나의 짐이야. 살아 있어서 미안해. 햇살의 먼지가 되고 싶었어요.

죽고 싶었는데 죽을 수 없으니까 눈치 보고 살았어요.

자학을 한 것 같아요. 그래 내가 사라져야 되겠구나.

'죽은 시체로 있으면 엄마가 좋아하려나?' 상상했어요.

나는 그에게 되게 무겁고 짐스러운 존재였어요. 그래서 욕구를 표현하지 않았어요.

엄마에게는 아무것도 원해서도, 말해서도, 즐거워서도, 행복해도 안 되는구나.

그래서 표현력이 없는 존재가 되었어요.

표현하는 게 나에게 장벽같이 느껴지고, 말없는 아이, 욕구가 없는 아이로 굳어지고 있었어요.

혼날까 봐 표현하는 게 무서웠어요.

억울하고 슬픈데 그때는 그래야만 했어요. 살기 위해 맞춰야 했어요.

편안한 느낌을 못 가졌어요. 화장실에서도 편안함을 못 느꼈어요.

잠을 깊이 자지도 못하고, 잠을 깊이 잘 수 있다는 개념이 없었어요.

행복해지면 안 돼. 편안하면 안 돼. 즐거우면 안 돼. 편안하면 혼나.

"그때 엄마가 어떻게 해주기를 바라셨나요?"

오늘 학교 갔다 오느라 힘들었지?

도너츠 사놨는데 먹고 편안하게 숙제하라고 말해주기를 바랐어요.

"그때 엄마에게 어떻게 하고 싶으셨나요?"

네가 돼지세요.

너나 잘하세요.

넌 엄마가 아니야. 우리 엄마는 다른 데 있어.

말하면 혼내고, 표현하면 혼냈기 때문에 눈치 보는 게 힘들어

눈치 보는 게 습관이 된 것이 힘들어.

"어린 나에게 어떻게 하고 싶으셨나요?"

눈치 보지 말고 욕구 표현해도 돼.

행복해도 되고, 편안해도 되고, 즐거워해도 돼.

그러니까 눈치 보지 말고 하고 싶은 거 다 해.

"새롭게 알게 된 것에 대한 소감을 한마디 한다면?"

오늘이 삶에 대한 기념일이 된 것 같아요.

나를 만나고 난 느낌이 생모를 만난 느낌이에요.

생명이 느껴지고, 할 수 있다. 부끄럽지 않다. 즐겁다. 신난다.

부당한 것에 대해 말할 수 있는 용기가 생긴 것 같아요.

선생님을 만나기 전에 10여 년 동안 상담을 받았는데 별로 변화가
없어서 '나는 치유가 안 되나 보다. 평생을 이렇게 살아야 되나 보
다' 하고 생각을 했어요.

선생님을 만나서 치유가 되니까 '나도 치유가 될 수 있는 사람이구
나'를 알게 된 거 같아요.

감사합니다. 선생님.

대항하지 못한, 자책감의 화, 불안, 우울

어릴 때 동생이 아버지에게 끌려나가면서 "아버지, 왜 이러세요?" 하
고 절규하는 소리를 지르고, 그리고 삽으로 내리치는 소리와 신음하는
소리를 나는 잠결에 들었지만, 그냥 다시 잠을 자는 장면입니다.

"그 장면에서 나를 불편하게 하는 것은
눈에 보이는 것인가요? 귀에 들리는 소리인가요?"
귀에 들리는, 때리는 소리와 신음하는 소리.

"그때 어떤 감정을 느꼈나요?"
대항하지 못하는, 자책감의 화, 불안, 우울을 느꼈어요.

"그때 그 상황을 어떻게 받아들이셨나요?"
그 순간이 현실이 아니길…

"현실이 아니라는 것은 어떤 의미인가요?"
악몽.
몸이 굳어지고, 속이 불편해져요.
악몽이 빨간색으로 있어요.

"그때 그 상황이 어떻게 되기를 바라셨나요?"

현실이 아니길 바랬어요.

꿈이길 바랬어요.

내가 잠에서 깨지 말았어야, 보지도 말고, 아무 것도 몰랐기를 바랬
어요.

"그때 그 상황을 어떻게 하고 싶으셨나요?"

나는 아무것도 할 수 없는데 상황에 개입되었어요.

내가 내 입장을 생각할 겨를도 없이 당황하고, 황당하고, 무섭고, 억
울해요.

나는 또 당했어요. 동생이 당하는 것을 내가 당하는 걸로 인식했어요.

불안하고, 두렵고, 억울하고, 급작스럽고 무서운 상황에 내가 어찌
할 수 없는 상황에

또 당했는데 나는 어찌할 수가 없었어요.

아빠가 경고를 줬는데 경고를 받는데 내가 준비를 하지 않았어요.

긴장을 하고, 생각을 하고 있어야 되는데 있다가 맥없이 또 당해버
렸어요.

'그래서 네가 또 당했지.' 나는 자책하느라 화가 난 걸 몰랐어요,

내가 나 자신을 어떻게 할 수 없는데,

화가 자꾸 올라오고, 그런데 이러지도 못하고 저러지도 못하고

나 자신만, 나 자신을 자책이 아니라 때리고 있는 것 같아요.

아버지가 나를 때린 것처럼 내가 나를 때리는 것 같아요.

너무 바보 같아서. 내가 나한테 한 짓을 모르고 있었네요.

나는 나를 때리고 있었어요.

아버지가 동생을 때리듯이 나는 그 소리를 들으면서 나는 나를 때리고 있었어요.

아무것도 할 수 없어서 내가 나를 때리고 있었어요.

내가 나를 때리고 있을 때 너 잘못이 아니라고 말해주는 사람이 없었어요.

세상이 아무도 모르니까 내가 너무 억울했나 봐요.

내가 나를 괴롭히고 있어서 내가 고개를 들 수가 없었네요.

"새롭게 알게 된 것에 대한 소감을 한마디 한다면?"

내가 나를 때렸다고 하는 기기에서 징밀 나의 무의식의 아수 싶은 곳을 들여다 본 느낌이에요.

내가 절규하는 동생의 목소리를 들었기 때문에 죄책감이 생긴 것으로 느꼈는데

지금 보니까 내 자신에게 화가 나 있었네요.

세상의 아무도 나를 안 알아주니까 내 탓으로 한 것 같아요. 사실은 아빠 탓인데.

누구 한 사람이라도 내가 살아온 억울한 상황이

내 탓이 아니고 누군가의 탓이라고 말만 해줬어도

내가 이렇게 자책하면서 살지는 않았을텐데.

나는 그 모든 일을 혼자 겪고, 혼자 결론 내고, 혼자 감내했어요.

그러니 얼마나 힘들었겠어요.

드디어 아주 깊은 곳에서 나에게 말을 해주는구나.

내가 나를 의지하거나, 믿기 시작했구나라는 느낌이 들어요.

내 안의 치유의 힘이 생겨지는 것 같아요.

자생력이 생기는 것 같아요.

나라는 존재는 이 세상에 없는 것 같은 우울

어릴 때 아빠가 술이 취하면 술주정을 하면서 우리를 괴롭혔어요. 그 괴롭힘을 피해서 동생이랑 가을 추수가 끝난 볏단 더미 속에서 자고 일어났는데, 마을 방송이 나오는데 나를 찾는 방송이 아니었어요. 그 장면입니다.

"그 장면에서 나를 불편하게 하는 것은
눈에 보이는 것인가요? 귀에 들리는 소리인가요?"
귀에 들리는, 나를 찾는 것이 아닌 방송 소리.

"그때 어떤 감정을 느꼈나요?
허무하고, 슬프고, 외롭고, 비참하고, 나라는 존재는 이 세상에 없는 것 같은, 쓸모없는, 중요하지 않은, 필요하지 않은, 있어도 없어도 그만.
내가 눈에 띄지 않는, 아무도 나를 찾지 않는 우울을 느꼈어요.

"그때 그 상황을 어떻게 받아들이셨나요?"
이 세상에 나는 혼자구나, 아니 없구나.
나라는 존재는 이 세상에 필요 없구나.

"나라는 존재가 이 세상에 필요 없다는 것은 어떤 의미인가요?"

쓸모가 없다.

존재로서 가치가 없다.

존재로서 무의미해요.

"그때 그 상황이 어떻게 되기를 바라셨나요?"

나를 찾아주기를 바랬어요.

내가 없어진 걸 알고 걱정해 주기를 바랬어요.

안아주기를 바랬어요.

동생과 나를 안아주고, 우리가 고생하고 있는 걸 알아주길 바랬어요.

그냥 알아주기를 바랬어요.

우리가 얼마나 힘이 드는지. 내가 얼마나 힘이 드는지.

내가 얼마나 외로운지. 내가 얼마나 무서운지.

아무도 너무 몰라서, 어떻게 세상에 아무도 모르는지.

세상에 단 한 사람도, 아무도 몰라요.

너무 못 알아줘서 나는 너무 힘든데, 알아주지 않으니 나도 내가 얼마나 힘든지 몰랐어요.

그냥 이렇게 '동생이랑 같이 다니느라고 네가 얼마나 힘들었니?'

그렇게만 말해줘도 내가 힘든 걸 알았을 텐데.

"새롭게 알게 된 것에 대한 소감을 한마디 한다면?"

요즘 계속 느끼는데 내가 나 자신을 너무 몰라줬던 거 같아요.

근데 너무 외롭긴 외롭네요.

인생의 중요한 시점이나 사건에서 누군가의 시선이나 관심을 받지를 못했네요.

저는 정서적인 것을 정말 많이 원하는데 항상 방전이 되어 있었네요. 이때까지 충전하는 법을 몰랐나봐요.

모르니까 자꾸 누가 해주길 바랐는데, 상대는 알아서 잘해라 그러고. 모르니까.

어렸을 때는 너무 외롭다. 어찌 이리 외로울 수가 있노.

이 세상에 아무도 나를 모른다는 거는 정말 무섭거든요. 투명인간이 된 느낌.

그러니까 인정욕구가 강하다니까.

사람으로 살았는데 존재로서 인정을 받은 적이 없으니까.

존재가 훼손만 되고, 배신만 당하고, 이용만 당하고, 항상 억압하고, 이 존재가 너무 불쌍하네.

온전히 존재로서 대접, 대우도 못 받았네요.

성추행 트라우마로 자포자기하는 우울

나는 가끔씩 '나는 할 수 없다'는 생각이 들 때 포기하고 절망하고 무기력해지는 우울이 느껴져서 모든 것을 손 놓고 우두커니 멍하니 있습니다.

내가 8살 때의 일이었어요. 전에 살던 집에서 월세를 내지 못해 쫓겨나고, 이사 온 집에서 아빠는 없고, 엄마가 돈 벌러 나가면 어린 동생들을 돌보는 건 나의 몫이었어요. 집 밖을 나가면 철길이어서 동생들을 집에서만 보아야 했어요.

마당 수돗가에서 동생들과 놀고 있을 때, 집에서 놀고 있는 주인아저씨가 나를 불러 추행했어요. 너무 무섭고 두려워서 몸이 경직되고 싫다고 몸을 뒤틀었지만 아저씨 집에서 또 쫓겨날까봐 겁이 나서 항거할 수도 없었어요. 쫓겨나는 건 버림받는 두려움이거든요. 동생이 철길로 가서 죽을까봐 걱정이 되어 도망갈 수도 없었고요.

내게 두려운 것은 눈에 보이는 아무것도 없는 공간. 그것은 아무도 관심 갖지 않는 공간에 놓여 있는 것 같아서, 그럴 때 나는 슬프고 자포자기하는 우울이 느껴지고 무기력해지면서 감정이 죽어가고 있는 느낌이었어요.

"그때 어떻게 하고 싶으셨어요?"

그때는 무서워서 항거도 할 수 없었지만 속마음으로는 방망이로 패고 싶었고, 작은 존재인 개미가 될 때까지 밟고 싶었고, 어떤 드센 아줌마가 와서 경찰에 데려가고 우물에 빠뜨리고 싶었어요.

목에 사슬을 매고 감옥 기둥에 묶어서 평생 두고 싶었고, 대통령한 테 끌고 가서 벌 받게 해주고 싶었어요.

나쁜 새끼라고 목에 붙여서 학교에도 알리고 싶었어요.

"그 나쁜 새끼를 어떻게 처벌하고 싶으세요?"

그 사람의 죄목을 목에 걸어서 사람들이 그 뻔뻔한 얼굴을 다 보도록 하고 싶었어요.

마을 입구 언덕에 효시를 하고 싶었어요.

창피함을 줘야 해요. 끊이지 않는 창피함을 평생 줘야 해요.

'잘못했습니다. 용서해주세요'라는 말로는 부족해요

형벌을 계속 받아야 해. 아프고 수치스러운 행태를…

죽지 않게 밥도 조금 주고 평생을 아프고 수치스러운 형벌을 계속 받아야 해요.

그래야 원한이 사라질 것 같았어요.

"그 나쁜 새끼를 처벌하고 난 소감은 어떠세요?"

조금 전에 어떻게 처벌하고 싶은가를 물었을 때, 어릴 때 꼭 평생을 아프고 수치스럽게 형벌을 주고 싶었다는 기억이 났어요.

40년이 넘게 그 감정이 나를 묶고 있었는데 풀어진 것 같고,

나의 에너지를 느끼니까 뭘 못할까 생각이 들고,
남들 하는 것 하고 싶고, 건강하게 원하는 걸 말하고 싶고,
저에게 집중하는 삶을 살고 싶어졌어요.

답답함이 큰 숨으로 나간 느낌이 들고, 체증이 빠지는 거 같고, 흐느
낌이나 울컥거리는 증세가 호흡으로 고르게 되고, 내가 혼자가 아
니구나 하는 생각이 들어요.

4학년 때 마음속 서랍에 별을 집어 넣어뒀는데 마음속 별이 나온 거
같아요. 황금색이에요. 별은 나의 꿈인데 명찰에 붙은 것 같아요.

8살의 판단과 생각을 알아차리니까 이제는 생각을 그만해도 되겠
다는 마음이 들어서 되게 자유로운 마음이 되었어요.

불쌍한 우울

갑자기 골목길에서 머리를 숙이고 쭈그리고 앉아서 땅만 쳐다보고 있는 어린 내 모습이 떠올라요.

"그때 어떤 기분이 드나요?"
불쌍하고 안 됐어요. 우울해요.
나는 아이인데 감당할 게 많아서 너무 힘들고 외로운데도 아무도 알아주지 않고,
나 자신도, 내 아이도 잃어버리고, 거기서 내 모습을 잃어버렸어요.
거기에 억눌려서. 그 아이라는 현실에서.

"그때 어린 나에게 어떻게 하고 싶으세요?"
너는 어린아이야. 아무것도 감당하지 않아도 돼. 감당할 필요도 없어,
너는 그냥 지금 이대로 살아. 너는 아이야.
네 자신도 보호하지 못하는데 어떻게 이 모든 것들을 감당하려고 하니?
이것은 네가 감당할 일이 아니야.
이것들은 내 일이 아니야. 나의 것이 아니야.
너는 지금 아이 그 자체로 살아.

이 모든 것이 네가 감당할 일이 아니고 네가 감당할 필요도 없어.

이것은 네 것이 아니야. 따로 떨어져. 이것들과 따로 떨어져.

고개 들고 너를 봐. 그리고 주위를 봐.

그것들은 나한테 있었던 검은 구름일 뿐이야. 너는 비를 맞았을 뿐이야.

비에 젖은 옷은 씻으면 돼. 그리고 이쁘게 말려서 입으면 돼.

너는 자유로워져도 괜찮아. 너는 절대적으로 괜찮아. 너는 완전히 괜찮아.

너 자체로, 마음대로, 생각대로, 모습대로, 편하게 살아갔으면 좋겠어. 지금 내가 어린 너에게 해주고 싶은 말이야.

너와 나는 같은 사람이야. 너는 자유로워져도 돼.

그것들은 네 것이 아니야. 절대로. 절대로. 절대로.

네가 행복해졌으면 좋겠어. 네가 행복해졌으면 좋겠어. 네가 행복해졌으면 좋겠어. 아주 큰 절실한 내 마음이야.

고마워. 고마워. 고마워. 이런 말 하게 해줘서.

"새롭게 알게 된 것에 대한 소감을 한마디 한다면?"

나는 아이인데 왜 그렇게 모든 것을 짊어지려고 했는지.

'다 해야 된다고.'

아이인데 아이처럼 살지를 못한 것 같아요.

제가 제 스스로 잘 말해줬어요.

그 모든 것을 네가 감당할 필요가 없다고.

자신에게 위로를 잘해준 것 같아요. 편안해졌어요.

외로운 우울

학원에서 음식에 관한 수업을 듣는데 갑자기 눈물이 왈칵 쏟아졌어요.
그 의미를 알아보려고 가만히 느껴보고 있었는데 강사가 질문을 하는
바람에 멈추고 말았어요. 오늘은 그 눈물의 의미를 찾고 싶어요.

"눈물을 흘리는 그 장면을 떠올리고
그 눈물 나는 느낌에 집중해서 그 느낌과 똑같은
어린 시절의 기억을 떠올려 봅니다. 어떤 장면이 떠오르나요?"
세 가지가 떠오르는데
아버지가 괴롭힐 때 방에 앉아 있는 나와
골목에서 아버지가 동생을 때릴 때 두려워하고 있는 나와
친구들이 고무줄놀이 할 때 멀리서 지켜보는 나요.

"그때 어떤 기분이 드나요?"
외로운 느낌이 들어요.
나 혼자 있고, 아무도 내 상황을 알지 못하고
이 세상에 온전히 혼자에요.
너무 외로운데 외로운 줄을 몰라요.

"그때 그들이 어떻게 해 주기를 바랬나요?"

누가 알아줬으면 좋겠는데 아무도 몰라요.

너무 알아주길 원했는데…

내가 친구들과 놀아주기를 원한다는 걸 알아주기를 바랬어요.

내가 아버지 때문에 너무 힘들고 무서웠다는 것을 알아주기를 바랬어요.

그런데 아무도 몰라요.

"외로운 어린 나에게 어떻게 하고 싶으세요?"

꼬~옥 안아주고 싶어요.

"그렇게 해보세요. 그리고 어린 나에게 뭐라고 하고 싶으세요?"

네가 많이 무서웠지? 네가 많이 힘들었지? 네가 많이 외로웠지?

내가 알아줄게. 내가.

이제는 무서워하지 않아도 돼.

이제는 그런 일이 일어나지 않을 거야.

누구도 너를 힘들게 할 수 없고, 누구도 너를 괴롭힐 수 없어.

네가 많이 힘들었지?

네가 얼마나 힘들었는지 나는 알고 있어.

그러니까 너 힘듦을 나한테 말해줘.

그렇게 말해주면 힘들지 않을 거야.

남들 틈에 어울려 놀고 싶었는데.

누가 같이 손만 내밀어 줬어도 나는 잘 놀 수 있었는데.

나는 내 상황을 너무 잘 알고 있었기 때문에 다가가기에 주저하는 게 너무 많았어.

그래서 그랬던 거야. 이제는 괜찮아.

누가 너 옆에 오지 않아도, 누가 놀자고 하지 않아도 괜찮아.

이제는 아무나 필요없어. 이제 내가 필요한 사람하고만 놀 거야.

그러니까 지금 외로워도 괜찮아.

잘했어. 너무 잘했어. 〈토닥 토닥~〉

"어린 나의 모습은 어떤가요?"

웃고 있는 거 같기도 하고 편안해 보이기도 해요.

"눈물의 의미가 어떤 것인지 소감 한마디 한다면?"

상담을 받기 전까지는 상처를 묻어놨는데 이제는 감당을 할 수 있을 거 같아요.

이 얘기를 하니까 너무 편안하고 좋다.

외로움과 무서움에 대해서 지지 공감은 그 사람의 것이고,

이제는 내가 해결해야지요.

내 상처, 고통, 외로움, 무서움에서 분리시키고 독립해야 될 거 같아요.

그 찌꺼기를 고이 모시고 살아왔는데…

너무 갇혀 있어서 불행을 불행인지 모르고 살았구나.

이제는 분리하고 살아야겠다.
내가 나 스스로의 자생력으로 살아보겠다.

자기 자신의 판단을 믿지 못한다는 것은 엄청 불안한데
이제는 틀린 선택이라도 나 자신을 믿어봐야겠어요.

무기력하고 자책하는 우울

아는 언니가 모처럼 만나서 대화 중에 내가 문제가 있다는 뉘앙스의 "네가 고쳐야 된다."라고 말을 하는데 반감과 억울함, 원망, 분노의 화가 올라왔습니다.

그 느낌에서 어린 시절 기억을 떠올려보니, 어두운 골목에서 희미하게 아버지가 동생을 내려치고 있고, 내려칠 때마다 들려오는 퍽 퍽 하는 소리와 동생의 신음하는 소리가 들리는 장면이 떠오릅니다.

"그 장면에서 나를 불편하게 하는 것은
눈에 보이는 것인가요? 귀에 들리는 소리인가요?"
귀에 들리는, 내려치는 퍽 퍽 하는 소리와 동생의 신음하는 소리.

"그때 어떤 감정을 느꼈나요?"
무기력하고, 비겁하고, 자책하는 우울.

"그 상황을 어떻게 받아들였나요?"
나에게서 비롯되었다는 죄책감.

"그 죄책감은 어떤 의미인가요?"

너무 무서운데 공포스럽고, 뭔가를 해야 하는데 뭔가를 할 수 없고,

어찌할 할 수 없는 공포심이 더 느껴져요.

나도 보호가 되지 않았는데 죄책감이 먼저 들어와요.

나도 놀라고, 두렵고, 고통스러운 것이 어디에 쌓였는지 모르고,

그 두려움을 동생 살리는데 다 썼는데 동생한테 인정을 못 받았어요.

이제 알았어요. 나도 심적으로 당하고 있었어요.

나도 당하고 있었는데 너무 놀라서 모르고 있었어요.

나는 두렵고, 아프고, 고통스러웠는데 아무도 몰라요.

그게 더 고통스럽고 외로워요.

스스로 억울해해요.

너네들은 나를 알아주지 않았잖아.

근데 왜 나는 너네들을 알아줘야 하는데?

나도 모르는 나를 괴롭히고 살았나봐요.

너는 나를 모르잖아.

"어린 나에게 어떻게 하고 싶으셨나요?"

〈가슴을 토닥이며〉 미안해. 내가 너를 이해해줄게.

괜찮아. 이제 모두 지나갔어.

아무도 널 해치지 않아.

너는 이제 충분히 강해졌어.

너는 이제 안전해. 안전해. 안전해.

"지금은 어떻게 하고 있나요?"
옆에서 안아주고 다독거려주고 같이 있어주니까 편안해하고 있어요.

"새롭게 알게 된 것에 대한 소감을 한마디 한다면?"
나도 모르게 집어넣고 쌓아 놓은 것이 내 안에서 병들고 병들어서
어느 순간 뭐가 나인지, 내가 누구인지 잊어버리고 살았는데
하나씩 할 때마다 퍼즐이 맞춰지는 것 같아서 편안하면서 안정감이
와요.

이 세상에서 내가 나 자신을 가장 존중하지 않고 살았어요.
내가 나 자신을 감금하고는 나를 가둬놨다고 원망하고 살았네요.
알면 알수록 내가 너무 힘들었었네요.

이제 블랙홀을 그대로 인정하면서 지내야겠지요?

자책이 남긴 무기력한 우울

직장 선배가 나에게 일을 잘 가르쳐 주기는 하지만, 내 일에 너무나 간섭을 하고 충고를 하면서 "안타깝다", "성장했으면 좋겠다" 등의 말을 하면, 그 말에 나는 무능을 확인받는 것 같아서 우울해집니다.

나에게 무능하다는 것은, 존재 자체로 인정받지 못해서 속상하고, 잘못된 사람, 오류가 있는 사람, 실수로 만들어진 존재로 인식됩니다. 그것은 절망적이고, 깜깜하고, 희망이 없고 방전된 느낌, 소멸되고 사라져버리고 싶은 느낌입니다.

"자신이 무능하다고 느낀 경험은 어떤 것이 있을까요?"

어린 시절 내가 실수한 것에 대해서 거울을 보면서 나 자신을 욕하곤 했어요.

"그 장면에서 나를 불편하게 하는 것은
눈에 보이는 것인가요? 귀에 들리는 소리인가요?"

거울 보면서 나 스스로에게 하는 귀에 들리는,
"니가 그러면 그렇지! 넌 안 돼! 에휴~ 왜 그러냐!"는 소리.

"그때 어떤 감정을 느꼈나요?"

무기력한, 무능력한 우울.

"그 상황을 어떻게 받아들였나요?"
비난받는다고 느꼈어요.

"비난받는다는 것은 어떤 의미인가요?"
잘못한 것에 대한 부족과 무능을 느끼게 만들어주고
또 실수할 것 같고, 또 욕 먹을 것 같고, 쓸모가 없는 것 같고,
필요가 없는, 버려져야 되는, 죽음이에요.

"그때 어린 나는 무엇을 바랐나요?"
칭찬해주고 격려해주고 위로해주기를 바랐어요.

"자책하고 있는 어린 나에게 어떻게 하고 싶으세요?"
괜찮다고 보듬어주고, 안아주고, 용기도 주고, 격려도 하고,
손잡아주고, 일으켜주고, 만져주고, 눈물 닦아주고,
함께 옆에 있어주고 싶고, 괜찮다고 말해주고 싶고,
널 도와줄 사람이 있다, 혼자가 아니라고 말해주고 싶어요.

"자~ 이제 장면 속으로 들어가서 그렇게 해 보세요."
눈물도 닦아주고, 꼭 안아서 보듬어주고
괜찮아! 내가 옆에 있어줄게!
이제 넌 혼자가 아니야!

내가 널 도와주고 지켜줄게!

"지금 어린 나는 어떻게 하고 있나요?"
내가 꼭 안아주고 있어요.
〈2분 경과〉 두 팔을 벌리고 있어요.
〈2분 경과〉 성장해서 밝고 근육질의 청년으로 자랐어요.
〈2분 경과〉 활기차게 걷고, 뛰고, 활동적이에요.

"지금 기분이 어떤지 소감을 한마디 한다면?"
어릴 때 나 스스로가 쓰레기, 한심하다고 많이 자책했어요.
내가 나 자신을 비난하고, 공격하고, 부정적 얘기를 많이 한 것을 깨
닫게 되었어요.
앞으로는 나 스스로에 대해 칭찬, 격려, 위로를 많이 해줘야겠어요.

외로움과 부러움의 우울

초등학교 시절 친구들 5~6명이 줄넘기를 하고 놀고 있는데, 나만 혼자 있는 장면이에요.

"그 장면에서 나를 불편하게 하는 것은
눈에 보이는 것인가요? 귀에 들리는 소리인가요?"
눈에 보이는, 내가 혼자 있는 것.

"그때 어떤 감정을 느꼈나요?"
외로우면서도 부러운 우울.

"그 상황을 어떻게 받아들였나요?"
친구들이랑 섞일 수 없다.

"섞일 수 없다는 것은 어떤 의미인가요?"
다가갈 수 없다. 나를 들여보내주지 않는다. 내가 들어갈 수 없다.
내가 볼품없고 부끄럽다. 내세울 만한 게 없다.
자랑할 게 없어서 기가 죽어 내가 다가가지 않는.
내세울 게 없으니까 자신감이 없어서 소심해져요.

"그때 친구들이 어떻게 해주기를 바랬나요?"
같이 놀자고 나를 불러주었으면 하고 바랬어요.

"오늘은 친구들이랑 신나게 놀아봐요. 친구들이 나를 잡고 같이 놀자
고 데려가고 있어요. 지금 무엇을 하고 있나요?"
같이 고무줄놀이를 하고 있어요.

"충분히 즐기셨나요? 또 어떤 놀이를 하고 싶으세요?"
숨박꼭질도 하고 싶고, 소풍도 가고 싶고, 친구들이랑 목욕탕도 가
고 싶어요.

"이번에는 숨박꼭질을 합니다. 충분히 즐겨보세요."
내가 술래가 되었어요.

"자~ 이번에는 소풍을 갑니다. 지금 어떻게 하고 있나요?
친구들이랑 같이 어울려서 놀고 있어요.

"자~ 이번에는 목욕탕을 갑니다. 어떻게 하고 있나요?"
아~ 목욕탕에 친구들이랑 들어갔어요.
목욕탕에 어린 내가 있어요. 피부가 하얗고 포동포동해요. 귀여워요.
어떤 할머니가 나를 돌보고 있는데 내가 점점 어려지고 있어요.
신기하네요.

"새롭게 알게 된 것에 대한 소감을 한마디 한다면?"

누군가가 보호해주니까 좋았어요.

편안해지고, 따뜻해지는 것 같아요.

못 받은 사랑을 받은 느낌이 들어요.

애도 상담 1

"지난 한 주 어떻게 지냈나요?"

올해 주변에 죽은 사람이 4~5명이 있어요. 지난주에는 나에게 일을 가르쳐준 선배가 교통사고로 사망을 했어요. 그 후로 우울한 생각이 들고 삶에 대한 회의감도 들고 나 때문에 타인이 불행하다는 생각도 들어요.

밤에 선배가 사망했다는 소식을 듣고 거실에 멍하게 있었는데 방에서 들리는 소리에 정신을 차려보니 주방에서 칼 앞에 서 있더라고요. 깜짝 놀랐어요.

선배 조문을 갔는데 조문 오는 사람도 없고, 가족도 없고, 상주도 가족이 아니고…

"그 선배를 머리에 떠올려보세요."

휑한 장례식장 장면과 영정사진의 환하게 웃고 있는 모습이요.

"그 선배는 나에게 어떤 분이었나요?"

아빠 같은 존재.

힘들 때 항상 도와주고, 기뻐해주고, 위로와 조언도 많이 해주고, 항상 웃게 해줬던 분이에요.

"참 고마운 분이셨네요. 아빠같은 선배님께 그 마음을 전해 보세요."

이제는 좀 편해지세요. 너무 고생 많았고, 너무 고마웠고, 너무 미안해요.

외로워만 안 했으면 좋겠어요.

일부러 웃는 것도 밝은 척하는 것도 그만하고, 한 번이라도 이 말을 하고 싶었어요.

'항상 고마웠고, 감사했고, 덕분에 지금까지 오게 됐고, 계속 생각나고 그리울 것 같은데… 편하게 가시게 오래 힘들어하지는 않을게요.'

"그렇게 말하니까 그 선배는 어떻게 말하는 거 같으세요?"

그냥 조그만 게 뭘 안다고 그러냐?

다 괜찮다고, 그냥 웃을 것 같아요.

"또 뭐라고 하고 싶으세요?"

다 진심이고, 외로워만 하지 마요. 일부러 그렇게 안 웃어도 되니까.

"지금 기분이 어떤지 소감을 한마디 한다면?"

제일 먼저 든 생각이, '가까운 사람도 이렇게 될 수 있겠구나. 더 표현을 많이 해야 되겠다' 하는 생각이 들었고요.

그래도 좀 무서워요. 안타깝죠. 너무 힘들게만 버텼으니까.

속으로만 생각했던 것을 입 밖으로 내니까 무슨 감정이었는지 알게된 느낌이에요.

일주일 후

그는 일상으로 돌아와서 생활하고 있었습니다.

애도 상담 2

"지난 한 주 어떻게 지냈나요?"
지난주에 할머니가 돌아가셔서 장례를 치르고 왔는데
그때부터 계속 너무 슬프고 우울해요.

"할머니는 나에게 어떤 분이셨을까요?"
할머니는 집에서 시루떡 만들면 먹게 하고, 천 원만 하면 꺼내주고,
우리들 먹으라고 라면, 음료수를 박스로 사놓고,
뷔페 데려가면 고기 챙겨주고, 만두 같이 만들어 같이 먹기도 하고,
생선 갈치 뼈 잘 발라 먹으면 뼈 잘 발라 먹는다고 칭찬하고…
나를 부르던 소리도 생각나고…

"할머니를 생각하면 후회되는 것은 어떤 게 있을까요?"
아프고 나서 귀찮아했던 것. 기저귀 갈기 귀찮아서 자주 찾아뵙지
못한 것.
좋아하는 음식 사다주지 못한 것. 돌아가시기 전에 가볼 걸…
제일 미안한 건, 돌아가셔서 할머니 장례식장 모시려고 구급차가
와서 내가 들었는데, 할머니를 한쪽으로 눕혀달라고 했는데 내가
너무 세게 한 것 같고, 너무 아팠을 것 같고…

몸이 안 좋아진다 했는데 '설마 빨리 가시겠어? 조금 더 계시겠지.'
주말까지만 버티시지 너무 갑자기 가신 것도 슬퍼요.

"할머니의 모습을 떠올려보세요.
그리고 할머니에게 미안한 마음을 전해보세요."
짜증만 내서 미안해. 자주 찾아뵙지 못해서 미안해. 내가 다 미안해.
사랑한다고 말 한마디 못 해줘서 미안해. 많이 미안해.
이렇게 갑자기 가실 줄 모르고 더 잘해주지 못해 미안해.
너무 꽉 쥔 것 같아서 미안해.
미안해. 미안해…

"자~ 이번에는 할머니에게 고마운 마음을 전해보세요."
항상 나 지켜줘서 고마웠어. 항상 나한테 잘해줘서 고마웠어.
다른 애들 몰래 나를 따로 챙겨준 것도 고마웠어.
항상 먹을 것을 챙겨줄려고 한 것도 고마웠어.
나한테 정말 잘해줘서 고마워.
그냥 다 고마워. 할머니.
다 고마워. 나한테 너무 잘해준 것 같아.

"이제 할머니를 한번 보세요. 지금 할머니가 뭐라고 하시는 것 같
나요?"
괜찮다고 하시는 것 같아요.

"할머니한테 또 하고 싶은 말 있으면 더 해보세요."

있을 때 잘해주지 못해서 미안해. 떠나고 나서야 깨달아서 미안해.

많이 보고 싶을 거야. 할머니 고마워~

조금만 슬퍼하다가 잘 지낼게.

미안해 잘해드리지 못해서.

"할머니 표정을 한 번 보세요. 그리고 할머니가 뭐라고 하시는 것 같으세요?"

계속 웃고 계세요.

괜찮다고 하세요.

너무 슬퍼하지 말라고 하시는 것 같아요.

잘 지내라고 하시는 것 같아요.

"지금 기분은 어떠세요?"

조금 편해졌어요.

"할머니한테 또 뭐라고 하고 싶으세요?"

할머니 말씀 잘 들을게. 사랑해~

너무 오래 누워 있었고, 이제 자유롭게 구경하다가 가세요.

내가 못해 준 것 너무 늦게 깨달아서 미안해.

동생 잘 챙길게 걱정하지 말고 편안히 가.

많이 보고 싶을 거야. 편안하게 쉬어도 돼.

"할머니 표정을 한 번 보세요. 그리고 지금은 할머니가 뭐라고 하시는 것 같으세요?"

편안하게 웃어요.

괜찮아. 그럴 수 있어. 잘 지내고 있으면 돼.

고마웠다고 하는 거 같아요. 할머니도 사랑한다고 말해요.

너무 슬퍼하면 떠나기 힘드니까 너무 슬퍼하지 마.

잘 지내면 할머니도 편안하다고 말씀하세요.

할머니가 이제 쉬러 가신데요.

"이제 할머니와 마지막으로 인사하고 헤어질게요."

할머니 그동안 고생 많았어.

나도 잘 지내고 있을게. 편안하게 쉬어.

"지금 기분이 어떤지 소감을 한마디 한다면?"

하기 전에는 계속 너무 슬펐는데, 지금 어느 정도 정리가 되었어요.

이제부터 슬퍼하지 않고 잘 지낼 수 있을 것 같아요.

일주일 후

그는 일상으로 돌아와서 생활하고 있었습니다.

3

불안 감정

원초적인 불안을 떨쳐내기 위해
내가 기준을 내려놓고 "실수해도 괜찮아."를 지향하면서

타인이 볼 때 부족한 허점이 있는 구멍도 되고
생활에만 집중하지 않고 행복한 걸 즐겨야겠어요.

- 본문 중에서 -

어쩔 줄 몰라 하는 불안

엄마가 일 나가면서 나를 숙모에게 맡겼습니다. 옆집 한 살 어린 동생
과 싸웠는데, 숙모는 나를 조롱하듯이 비난하고 있습니다.

"그 장면에서 나를 불편하게 하는 것은
눈에 보이는 것인가요? 귀에 들리는 소리인가요?"
눈에 보이는, 숙모의 조롱하는 듯한 눈빛.

"그때 어떤 감정을 느꼈나요?"
나에게는 어쩔 줄 몰라 하는 불안.

"그때 숙모가 나를 어떻게 취급한다고 느끼셨나요?"
숙모는 내 편이 아니구나.

"내 편이 아니라는 것은 어떤 의미인가요?"
세상에 혼자 던져진 느낌, 내쳐져서 혼자 외로이 서 있는 느낌.
아무것도 할 수 없이 얼어붙어 있는 그런 느낌이었습니다.

"그때 숙모에게 어떻게 하고 싶었나요?"

어떻게 내 편을 안 들어 줄 수가 있지?

숙모 참 이상하네.

내가 이기는 건 당연한 건데 왜 나를 비난하지!

내 편이 좀 되어주면 안 돼!

숙모가 그럴 때 세상에 혼자 던져진 느낌이고, 내쳐져서 혼자 외로이 서 있는 느낌이었어.

그것은 아무것도 할 수 없이 얼어붙어 있는 그런 느낌.

너무 무서웠어!

내 편이 좀 되어주면 안 돼!

"지금 기분이 어떤지 소감을 한마디 한다면?"

어쩔 줄 모르는 불안 1

초등학교 1, 2학년 운동회 때인데, 숙모가 점심시간에 늦게 와서 도시락을 탁 던져 주면서 한마디도 안 하고 차가운 모습으로 있어요.

"그 장면에서 나를 불편하게 하는 것은
눈에 보이는 것인가요? 귀에 들리는 소리인가요?"
눈에 보이는, 눈길도 안 주고 서 있는 모습.

"그때 어떤 감정을 느꼈나요?"
어쩔 줄 모르는 불안.

"그 상황을 어떻게 받아들였나요?"
혼자 경직되어 서 있는, 아무도 없이 서 있는.
어린아이가 허허벌판에 서 있고, 아무 생각도 못하고 불안하게 서 있는 느낌이에요.

"허허벌판에 서 있는 것은 어떤 의미인가요?"
거의 죽음.
뛰어가서 엄마나 친구를 찾는 상태가 아니에요.

벌판에 그냥 혼자 서 있는.

"그때 숙모가 어떻게 해주기를 바랐나요?"
최소한 내 보호자니까 "기다렸냐?"는 말이라도 해줬었으면…

"그때 숙모에게 어떻게 하고 싶었나요?"
숙모도 밥을 같이 먹었으면 좋겠어.
'왜 밥을 안 먹지? 나랑 같이 밥 먹기 싫구나.' 그 느낌을 받았어요.

"그렇게 말해 보세요."
말을 하기 싫어요.
아직도 그 사람 자체가 두려워요.
말을 하기 싫은 이유가 무서워요. 아버지보다 더 무서워요.

"지금 기분이 어떤지 소감을 한마디 한다면?"
가족이 밥을 같이 안 먹는 게 너무 싫었는데 숙모와 연결되어 있었
네요.
숙모는 자살 생각과도 연결되어 있었고요.
숙모는 무서움 이상의 무서움. 야단치지 않고 냉대하고 무시하는
사람.
아버지의 무서움은 무서움으로 끝났는데 숙모는 아직도 진행형이
었네요.

어쩔 줄 모르는 불안 2

발표시간이 다가올수록 실수하지 않을까 하는 생각에 긴장되는 불안
이 느껴져요. 그런 느낌은 어릴 때부터 늘 있어 왔는데, 학교에서 모두
가 교실 안에 있고 발표가 다가오는 상황이었어요.

"그 장면에서 나를 불편하게 하는 것은
눈에 보이는 것인가요? 귀에 들리는 소리인가요?"
귀에 들리는, 이름 부르는 소리.

"그때 어떤 감정을 느꼈나요?"
온몸이 마비되는 것 같은 어쩔 줄 모르는 불안.

"그 상황을 어떻게 받아들였나요?"
말을 더듬으면 놀림당하지 않을까? 무시할 것 같은 느낌.

"놀림당한다는 것은 어떤 의미인가요?"
친구들이 싫어할 것 같고, 그래서 혼자가 될 것 같은 느낌이에요.
혼자가 되면 외로워지고, 아주 작아지는 것 같은 느낌.
내가 쓸모없고, 사라져버릴 것 같은 느낌이에요.

"무시당한다는 것은 어떤 의미인가요?"

부끄러움이에요.

부끄러워지면 말라서 타들어갈 것 같은 느낌.

그것은 죽어버릴 것 같은, 없어질 것 같은 느낌이에요

"그때 친구들이 어떻게 해주기를 바랐나요?"

그냥 아무런 반응을 안 했으면 하고 바랐어요.

'괜찮아. 그럴 수도 있지'라고 말을 해주기를 바랐어요.

그냥 그런 내 모습을 인정해주기를 바랐어요.

"그때 친구들에게 어떻게 하고 싶으셨나요?"

놀리지 마. 신경 쓰지 마. 닥쳐. 꺼져.

네가 뭔데 나한테 그래.

부끄러워. 나도 하기 싫어.

비웃지 마. 웃지 마. 웃지 마

내가 너무 초라해. 나도 하기 싫어.

이런 내 모습이 싫어. 그런데 그렇게 웃고 놀리면 너무 슬퍼. 부끄러워.

노력해도 잘 안 돼.

내 모습을 이대로 그냥 봐줘. 비웃지 말고, 놀리지 말고, 무시하지 말고.

나 괜찮은 척 엄청 노력하고 있어.

'힘들지'라고 말해주면 좋겠어.

'나도 불안할 때 많아'라고 말해주면 좋겠어.

내가 한없이 작아지는 것 같아.

발표시간 되면 긴장돼서 내 손을 물어뜯고 너무너무 싫어.

매일매일 너무너무 긴장돼. 이 시간이 사라지면 좋겠어.

이 이름, 내 번호가 사라지면 좋겠어.

내가 너무 불쌍해. 안쓰러워 죽겠어.

"어린 나에게 뭐라고 말하고 싶으세요?"

많이 긴장되지? 심장이 이렇게 뛰네.

배도 이렇게 아프네. 너무 긴장돼서.

손도 많이 아프겠다. 많이 아프겠다.

네가 걱정하고 긴장하는 만큼 그런 일 안 생기고 괜찮아,

말 더듬어도 되고, 실수해도 괜찮아. 내가 있으니까.

실수해도 괜찮아. 놀림 받아도 괜찮아.

점점 나아질 거야. 괜찮아.

"새롭게 알게 된 것에 대한 소감을 한마디 한다면?"

교실에서 긴장하고 있는 모습이 가끔씩 생각났는데, 오늘은 좀 더 가까이 볼 수 있었고, 어린아이의 마음을 볼 수 있었고, 느꼈던 마음을 전할 수 있어서 편했던 것 같아요.

그 아이가 덜 긴장하고 편안해하는 것 같았어요.

놀라고 당황스러운 불안

내가 근무하는 직장에 고모가 찾아왔습니다, 직장 동료가 나에게 와서 누군가 선생님을 찾아왔다고 전해 줘서 나가 보니 고모가 와 있는 장면입니다.

"그 장면에서 나를 불편하게 하는 것은
눈에 보이는 것인가요? 귀에 들리는 소리인가요?"
귀에 들리는, '어떤 사람이 선생님 찾아왔어요'라는 소리.

"그때 어떤 감정을 느꼈나요?"
놀라고 당황스러운 불안.

"그때 그 상황을 어떻게 받아들이셨나요?"
부끄러움이 느껴졌어요.

"부끄럽다는 것은 어떤 의미인가요?"
그때는 존재에 대한 가치가 낮은 상태였어요.
직장에 잘 보이고 싶은데 잘 안 되어서…
타인과 자신에 대한 평가도 낮고.

쓸모없는 인간, 존재하면 안 되는 인간, 버러지 같은 인간.

나 자신을 포함해서 아무도 나를 안 챙길 때였어요.

"그때 고모가 어떻게 해주기를 바라셨나요?"

가주기를 바랐어요.

아는 척하지 않았으면 하고 바랐어요.

"그때 고모에게 어떻게 하고 싶으셨나요?"

머리채를 뜯고 싶었어요.

나를 되게 귀찮아하고, 자기는 되게 고상한 척하고,

자기들이 준 모욕을 다 던져 주고 싶었어요.

××년아 하고 욕도 하고 싶었고, 가식적인 얼굴을 정말 안 보고 싶

었어요.

이런 데에 딸을 데리고 오냐. 미친년. 상식 없는 년.

"새롭게 알게 된 것에 대한 소감을 한마디 한다면?"

욕하고 나니 시원해요.

억울함, 당황스러움을 굳이 잡고 있을 필요가 있었나?

그때는 힘이 없다고 자책했어요.

버림받은 것 같은 불안

남편이 아이와 친하게 지내거나, 시어머니와 둘이 밖을 나갈 때면 남편을 뺏긴 것 같기도 하고, 서운하기도 하고, 남편이 나를 사랑하지 않을 것 같고, 남처럼 느껴져서 마음이 텅 빈 것 같아요.
고등학교 때 친구 셋이서 친하게 지냈는데 그중에 한 명이 특히 내가 좋아했던 친구였어요. 어느 날 그 친구 둘이서 팔짱을 끼고 있는 것을 보면서 내가 소외되는 느낌이 들었던 장면입니다.

"그 장면에서 나를 불편하게 하는 것은
눈에 보이는 것인가요? 귀에 들리는 소리인가요?"
눈에 보이는, 둘이 팔짱 끼고 친하게 있는 장면.

"그때 어떤 감정을 느꼈나요?"
버림받은 것 같고, 친구를 뺏긴 것 같고, 어찌할 수 없는 불안.

"그 상황을 어떻게 받아들이셨나요?"
친구를 뺏긴 느낌이었어요.

"친구를 뺏긴다는 것은 어떤 의미인가요?"

저의 마음이 반으로 갈리는 것이고,

소중히 여기는 것을 반으로 나눈다는, 내 마음이 반으로 갈라지는 것.

그건 혼자 남겨지는 외로움이에요.

마치 내가 없어지는 것 같아요.

"그때 그 친구가 어떻게 해주기를 바라셨나요?"

나랑만 친구하고, 내가 제일 소중한 평생 친구, 나랑만 놀았으면 하고 바랬어요.

그래도 나와 더 친하고 나를 더 좋아한다고 말해주길 바랬어요.

"그때 친구에게 어떻게 하고 싶으셨나요?"

나랑 제일 친했던 거 아냐? 너무 서운하다. 나랑만 놀아.

나만 혼자된 것 같아 속상하고 너가 미워.

너만 친구 있어? 나도 있어. 다른 친구랑 놀 거야.

나 좀 그만 힘들게 해. 나는 네가 제일 친하다고 느꼈는데 너는 아닌가 봐.

친구를 뺏긴 것 같고 마음이 반으로 나뉘는 것 같았어.

너도 내가 제일 소중한 친구였으면 좋겠어.

나랑만 놀았으면 좋겠고, 나랑만 친구했으면 좋겠고, 그렇게 얘기해주면 좋겠어.

나한테는 그 시절에 친구가 제일 좋았고, 소중했고, 힘들기도 했어.

마음 속앓이는 많이 해서 힘들기도 했어.

고 1때 다른 친구와 어울리고 나를 소외시키는 것 같아서 그때 많이 서운했어.

나한테는 그 시절에 소중한 추억을 함께한 친구야. 너라는 존재가 나에게 큰 특별한 존재였어.

지금 생각해보면 너가 나를 되게 소중하게 생각했던 것 같아. 그래서 지금은 미안한 마음도 있어.

"새롭게 알게 된 것에 대한 소감을 한마디 한다면?"

제가 어린 시절에 중요한 것이 가족과 친구였어요.

친구에게서 마음을 주고받는 대인관계를 배웠고 관계를 놓는 법도 배웠어요.

내 안에는 질투심과 내 것이길 바라는 마음이 있는 것 같아요.

남편에게 그 마음이 있는 것 같아요. 고등학교 때 친구에게 느꼈던 마음처럼…

버려질까 무서운 불안

나는 MMPI-2 심리검사에서 1번(74), 2번(93), 7번(85) 코드가 높게 나왔어요. 주로 느끼는 감정은 불안과 우울을 많이 느껴요.
초등학교 저학년 때 아버지에게 심하게 맞은 기억이 있어요. 아버지 기분은 언짢은데 내가 말대꾸 한다고 온 가족이 있는 데서 파리채 손잡이로 종아리에서 시작하여 점점 심하게 온몸을 때렸어요.

"그 장면에서 나를 불편하게 하는 것은
눈에 보이는 것인가요? 귀에 들리는 소리인가요?"
눈에 보이는, 아버지의 살기 띤 눈빛.

"그때 어떤 감정을 느꼈나요?"
내가 버려질 수도 있겠다는 무서운 불안.

"그때 아버지가 나를 어떻게 취급한다고 느끼셨나요?"
내가 그렇게 잘못했나? 나는 화풀이 대상이구나.

"화풀이 대상이라는 것은 어떤 의미인가요?"
미움 받는 존재, 필요 없는 존재.

이 집에서 없는 게 나은 존재.

이 집의 구성원으로는 부적격인 사람.

버려지고 내팽개쳐지는 느낌.

그래서 더 이상 살 수 없을지도 모르겠다는 느낌이 들어요.

"그때 아버지가 어떻게 해주기를 바랐나요?"

나를 미워하지 않았으면 좋겠어요.

나에게 엄하게 안 했으면 좋겠어요.

"그때 아버지에게 어떻게 하고 싶으셨나요?"

왜 때려. 때리지 마!

나도 이 집 식구야!

나를 왜 이렇게 미워해!

나한테 왜 그랬어!

나한테 화풀이 하지 마!

무서운 눈빛으로 보지 마!

왜 유독 나만 야단쳐.

"새롭게 알게 된 것에 대한 소감을 한마디 한다면?"

장면을 떠올리니까 그때의 감정, 생각까지 떠오르면서

가족들 앞에서 맞을 때 창피했다는 느낌도 들고

많이 혼났던 기억이 나면서 내가 많이 미움 받았구나 싶어요.

혼날 때는 혼나는 자체만으로도

버려지거나 죽을 수도 있겠다는 무서운 불안이 있었는데

그 상황에서 내가 화풀이 대상이 된다는 것은

내가 미움 받는 존재, 필요 없는 존재라는 생각이 드니까

내 존재가 가치가 없어서 우울한 기분도 드는 것 같아요.

혼나면 먼저 무서워서 불안해지고

질책 받는 것을 내가 못나서 스스로 가치 없는 존재로 여겼네요.

그래서 내가 직장에서 상사가 나를 질책하면

불안을 느끼고, 그러고 나면 무기력해지나 봐요.

겁먹은 불안

나는 타인에게 믿음이 안 가고 진지한 얘기가 부담스러운 관계의 불안 정감을 갖고 있습니다. 관계가 가까워지면 언젠가 등을 돌릴까봐 두려워서 누군가 나를 믿고 의지하는 것도 부담이 되고, 상대를 관찰하다가 소홀히 대하면 내가 먼저 정리하게 됩니다.

주변에 사람이 없으면 외로워지고, 외로워지면 삶의 의미가 없어져서 우울해지고, 우울감이 오면 너무 부정적으로 보고, 인간관계를 끊고, 잠수 타고, 밥도 안 먹고, 모든 일을 그만두고 죽고 싶다는 극단적 생각이 들어요.

어릴 때 집에서는 밥 먹을 때도, 씻을 때도, 놀 때도 혼자였어요. 엄마는 나에게 무관심했거든요.

"오늘은 어떤 얘기를 나눠 볼까요?"
거실에서 밥을 먹고 있는데 갑자기 엄마가 내려오고 아무 말도 안 하고 지나가는 얘기요.

"그 장면에서 나를 불편하게 하는 것은
눈에 보이는 것인가요? 귀에 들리는 소리인가요?"
귀에 들리는, 발소리.

"그때 어떤 감정을 느꼈나요?"

겁먹은 불안요.

심장이 빨리 뛰고 내려앉는 것 같았어요.

손도 저리고, 몸에 힘도 빠지고 너무 무서워요.

"그때 엄마가 나를 어떻게 취급한다고 느끼셨나요?"

발걸음 소리 자체를 위압적으로 느꼈어요.

"위압적이라는 것은 어떤 의미인가요?"

피하고 싶고, 힘들고, 숨 막히는, 미칠 것 같은
투명인간이 되는 거예요.

"그때 엄마가 어떻게 해주기를 바랬나요?"

엄마가 안 내려오기를 바랬어요.

"그때 엄마에게 어떻게 하고 싶으셨나요?"

마주치는 것 자체가 너무 힘들어서 도망가고 싶고 숨고 싶고 피하
고 싶었어요.

지금이라도 내려오지 말라고 하고 싶었어요.

안 마주쳤으면 좋겠어요.

엄마가 다가오는 게 너무 힘들었어요.

내가 투명인간으로 인식되는 거 같아 너무 무서웠어요.

엄마가 오면 도망가고 싶고 피하고 싶었어요.

내려오지 마! 안 보고 살고 싶어!

안 마주쳤으면 좋겠어!

나도 피해 안 줄 테니 안 보고 살고 싶어.

나한테 왜 그랬어!

왜 투명인간 취급했어!

"지금 기분이 어떤지 소감을 한마디 한다면?"

무섭게 느껴졌던 발소리의 의미가 마주치고 싶지 않았던 것이라는 것을 분명하게 알게 된 것 같아요.

엄마가 무관심해도 저는 다가갔다고 생각했는데, 저도 피하고 밀어냈을 때가 있었구나라는 것을 알았어요.

두려움의 불안

남편이 눈을 굴리면서 눈에 분노가 가득해서 성난 황소처럼 나를 어떻게 할 것처럼 쳐다보는 모습에 나는 불안하고 무섭고 나를 해코지할 것 같은 두려움이 느껴져 남편을 내리눌러 제압하고 싶고, 단번에 굴복시키고 싶은 분노가 느껴집니다.

그 느낌에서, 어린 시절 아버지가 동생을 끌고 나가 삽 같은 것으로 동생을 내려치는 소리와 동생의 신음하는 소리가 들리는 장면이 떠오릅니다.

"그 장면에서 나를 불편하게 하는 것은
눈에 보이는 것인가요? 귀에 들리는 소리인가요?"
귀에 들리는, 삽 같은 것으로 내리치는 소리와 동생의 신음하는 소리.

"그때 어떤 감정을 느꼈나요?"
두려움의 불안.

"그 상황을 어떻게 받아들였나요?"
일어나서 말렸으면, 동생이랑 사이좋게 지냈으면.
달려갈 수도 없고 말할 수도 없고,

나 때문인가 죄책감이 느껴져요.

"죄책감은 어떤 의미인가요?"
정말 무서운 일이 일어나다니.
내가 이런 일을 만들게 한 무서운 사람인가?
나로 인해 비롯된 거 같고 나로 인해 벌어진 것 같아요.
내가 재앙인 존재.
태어나지 말았어야 하는 존재. 생기지 말았어야 하는 존재.

"그때 아버지에게 어떻게 하고 싶으셨나요?"
정말 잘 들리도록 마이크가 있으면 좋겠다.
야이 개새끼야 멈춰. 니가 하는 건 살인이야.
멈춰. 멈춰. 멈춰. 그만해. 그만해. 그만해.
동생이 죽고 있잖아.
니가 지금 니 아들을 죽이고 있어. 멈춰. 내 동생을 죽이고 있어.
나는 이 짓을 원하지 않았어.
니가 한 짓은 미친 짓이야. 나는 미치지 않았어.
내가 너를 죽이기 전에 그만둬. 내가 너를 죽이고 싶어. 당장 그만둬.
내 마음에 죄책감을 심지 마.
나한테 뒤집어씌우지 마. 난 잘못한 게 없어.
정신 차리고 당장 그만둬.
그 손 멈추고 동생을 얼른 병원으로 데려가줘.
동생이 나으면 동생에게 사과해.

무릎 꿇고 동생한테 사과해. 그리고 용서받고 동생을 안아줘.

동생한테 그렇게 해줘. 그게 내가 바라는 거야.

너는 그저 나한테 미친놈일 뿐이었어.

미친놈은 피해야지. 내가 상대하는 건 아니잖아.

"새롭게 알게 된 것에 대한 소감을 한마디 한다면?"

내가 태어나지 말았어야 했다.

그전의 모든 사건들이 파노라마처럼 순간적으로 지나가면서

무의식이나 그 이전에 '내가 태어나지 말았어야 되는구나' 그런 생각이 있었나 봐요.

오늘 하면서 가장 힘들다고 했던 일보다

동생을 보던 장면에서 죄책감과 내상이 가장 심했네요.

순간적으로 내가 남편한테 투사를 하는구나.

오늘은 걸림없이 뱉었어요.

여기서 아버지에 대한 적개심이 나오네요.

나 혼자에 대한 거는 참았는데, 동생한테 한 것은 죄책감과 적개심이 폭발한 것 같아요.

절박하고 무섭고 어둠의 공포 그 모든 게 다 있었으니까.

어둠 속에서 직접 보지 못해서 더 불안했었나 보네요.

퍽퍽 소리와 동생의 신음하는 소리, 그게 아직까지 있어요.

무서운 불안 1

나는 다른 사람의 눈치를 너무 보기 때문에 누군가 내 경계를 넘어오는 것에 대해서 무척 민감하고, 다른 사람에게 요청하고 싶은 것이 있어도 말을 잘 못합니다.

초등학교 때의 일로, 보건 선생님이 문을 잠그고 오라고 했는데 문을 잠그다가 그만 열쇠가 구부러졌고, 혼이 날까봐 선생님께 말을 못하는 장면입니다.

"그 장면에서 나를 불편하게 하는 것은
눈에 보이는 것인가요? 귀에 들리는 소리인가요?"
눈에 보이는, 구부러진 열쇠.

"그때 어떤 감정을 느꼈나요?"
무서운 불안.

"그때 그 상황을 어떻게 받아들이셨나요?"
선생님이 나를 비난하거나, 꾸중할까 봐 무서웠어요.

"꾸중 듣는다는 것은 어떤 의미인가요?"

잘 보이고 싶었는데, 챙김 받지 못하는 존재.

이쁨 받지 못하면 천덕꾸러기가 되는 거 같아요.

천덕꾸러기가 되면 아무도 관심 갖지 않게 되고 있으나 마나 한 존재.

말해도 먹히지 않는, 말 안 하는 게 나은 존재.

"새롭게 알게 된 것에 대한 소감을 한마디 한다면?"

느닷없이 맡겨진 거는 부담을 느껴요.

그래서 그때부터 부담되는 거에는 말 안 하는 거를 선택한 거 같아요.

무서운 불안 2

6~7살 때인데 운동회 날에 엄마랑 학교에 갔어요. 학교 건물 앞 단상
과 교무실 사이에 자갈길이 있는 화단에서 놀고 있었는데 엄마가 보이
지 않았어요.

"그 장면에서 나를 불편하게 하는 것은
눈에 보이는 것인가요? 귀에 들리는 소리인가요?"
눈에 보이는, 엄마가 보이지 않는 것.

"그때 어떤 감정을 느꼈나요?"
무서운 불안.

"그때 엄마가 나를 어떻게 취급한다고 느끼셨나요?"
엄마가 힘들어서 가버렸다. 나는 중요하지 않은 존재.
귀찮은 존재, 너만 없었다면, 나를 버렸어요.

"버렸다는 것은 어떤 의미인가요?"
내 존재가 없어지는 것.
혼자 살 수 없으니까 죽을 수 있겠다.

안절부절 못하고 엄마를 찾아다녔어요.

"그때 엄마가 어떻게 해주기를 바라셨나요?"
나를 찾으러 오기를 바랐어요.
맛있는 걸 가지고 오기를 바랐어요.

"그때 엄마에게 어떻게 하고 싶으셨나요?"
소리치고 울고 싶었어요. 엄마 나도 데려가. 엄마 어디 있어?
엄마 무섭단 말이야.
엄마 왜 나를 두고 가. 엄마 빨리 와. 나 두고 가지 마.

"새롭게 알게 된 것에 대한 소감을 한마디 한다면?"
엄마는 언제든 떠날 사람.
잘할 때는 무덤덤하고, 못하면 지적했어요.
그때 엄마를 잃어버리고, 엄마가 날 버리고 도망가려고 했었다고
생각했어요.
그 후로 40년 동안 버림받았다고 생각했어요. 허탈하네요.

껄끄럽고 걱정되는 불안

어릴 때 TV에서 '전설의 고향' 하는 날이었어요. 귀신이 나오는 내용을 보다가 이불 뒤집어쓰고 눈뜨기 싫은 상황이었어요.
우리 집에 할머니랑 친척들이 좋은 일로 모였다가 할머니가 아버지 멱살을 잡고 일방적으로 공격하고, 옆에는 엄마가 욕먹고 있는데 친척들은 그냥 싸우는 장면을 구경하고 있어요.

"그 장면에서 나를 불편하게 하는 것은
눈에 보이는 것인가요? 귀에 들리는 소리인가요?"
눈에 보이는, 멱살 잡은 장면.
귀에 들리는, 욕하는 소리.

"그때 어떤 감정을 느꼈나요?"
껄끄럽고 걱정되는 불안.

"그때 그 상황을 어떻게 받아들이셨나요?"
부모님이 일방적으로 당하고 있다.
욕먹고 있다. 아무도 도와주지 않는다.
아무도 내 존재에 대해서 생각조차 하지 않는다.

"내 존재에 대해서 생각조차 하지 않는 것은 어떤 의미인가요?"

있으나 마나 한 존재.

없어져도 모르는, 관심이 없는 존재.

"그때 할머니가 어떻게 해주기를 바라셨나요?"

할머니는 부모님을 무시하지 않았으면 좋겠어요.

할머니는 나를 손녀로 인정해 줬으면 좋겠어요.

무시하지 않고, 차별하지 않기를, 있는 그대로 봐주기를 바랬어요.

따뜻하고, 인자하고, 너그럽고, 따뜻한 정을 느끼고 싶었어요.

그냥 손녀로 봐줬으면 하고 바랬어요.

"그때 할머니에게 어떻게 하고 싶으셨나요?"

무시하고, 비난하고, 미워하고, 싫어하면서 똑같이 복수하고 싶었어요.

할머니가 어떻게 손녀를 차별해. 미친년.

우리 집에 오지 마. 우리 할머니 안 하고 싶어.

분탕질만 하고, 할머니는 마녀, 악녀, 가식 덩어리야.

우리 집에 얼씬도 하지 마. 썩 꺼져.

"새롭게 알게 된 것을 소감 한마디 한다면?"

대항할 수 없는 무기력감이 있었나 봐요.

오늘 상담을 해보니 상황을 객관적으로 보는 객관화가 중요하네요.

걱정되고 두려운 불안

어린 시절 엄마가 돈을 계산 없이 쓰는 것에 대해서 아버지가 뭐라 하고, 엄마는 생활비를 충분히 줬으면 좋겠다고 서로 비난하면서 싸우고 있는 장면이에요.

"그 장면에서 나를 불편하게 하는 것은
눈에 보이는 것인가요? 귀에 들리는 소리인가요?"
귀에 들리는, 높은 톤의 목소리.

"그때 어떤 감정을 느꼈나요?"
걱정되고 두려운 불안.

"그 상황을 어떻게 받아들였나요?"
나는 별로 중요하지 않은 존재.

"중요하지 않은 존재는 어떤 의미인가요?"
아무렇게나 취급받아도 되는 존재.
신경도 안 쓰고 보이지도 않는 존재.
다른 곳에 보내질 것 같은 존재.

버려진다는 느낌.

환영받지 못하는 천덕꾸러기.

"그때 부모님이 어떻게 해주기를 바랬나요?"

싸우지 않기를 바랬어요.

엄마는 돈을 아껴 쓰고,

아버지는 고함치고 윽박지르지 않기를 바랬어요.

"그때 부모님에게 어떻게 하고 싶으셨나요?"

그만 싸워!

동네 부끄럽다. 창피해!

우리 생각도 좀 해!

소리 지르지 마!

화 좀 그만 내!

"새롭게 알게 된 것에 대한 소감을 한마디 한다면?"

그동안 표현을 안 하고 살았는데 갑자기 격하게 표현을 하니까 약
간 혼란스러워요.

많이 억누르고 살았구나. 시원하기도 하고, 좀 쑥스럽네요.

무섭고 두려운 불안 1

초등학교 시절 엄마와 아버지가 크게 싸워서 엄마는 소리 지르고 아버지는 화내면서 때리려고 하고, 엄마는 방바닥에 흥건하게 피를 흘리시면서 도와달라고 요청하고 옆에 있던 누나도 나에게 왜 안 말리냐고 하는데 나는 무서워서 꼼짝도 할 수 없었어요.

"그 장면에서 나를 불편하게 하는 것은
눈에 보이는 것인가요? 귀에 들리는 소리인가요?"
눈에 보이는, 험상궂은 아버지의 얼굴.

"그때 어떤 감정을 느꼈나요?"
무섭고 두려운 불안.

"그 상황을 어떻게 받아들였나요?"
나는 옆에 있어도 없는 것처럼 있는 존재.

"없는 것처럼 있는 존재는 어떤 의미인가요?"
필요 없는 존재.
환영받지 못하고 버려질 것 같고,

살 수 없을 것 같은 존재.

"그때 부모님이 어떻게 해주기를 바랬나요?"
싸움을 멈추기를 바랬어요.

"그때 부모님에게 어떻게 하고 싶으셨나요?"
그만해! 그만 좀 해!
싸우고 소리 지르지 말고 얘기를 해!
애들이 옆에 있는데 그만 좀 싸워!
그만 싸워!

"새롭게 알게 된 것에 대한 소감을 한마디 한다면?"
어른으로서 어릴 때 못한 얘기를 하니까 내 말이 먹히는 느낌이 들어서 힘이 생기는 느낌, 자신감이 생겨요.
그동안 너무 안으로 움츠러들어서 얘기하면 안 될 것 같고, 관계가 깨질 것 같은 두려움이 컸었는데 내뱉고 나니까 '이게 정상이구나'를 알게 되었어요.

무섭고 두려운 불안 2

나는 내향적이고 타인의 시선을 무척 의식하여 사회적으로 회피하는
성격 때문에 사회생활에 불편감을 많이 느껴요.
큰언니와 나는 6살 차이가 납니다. 어릴 때 큰언니는 살이 쪄서 뚱뚱하
고 공부도 못하는데 컴퓨터 게임을 하다가 아버지에게 혼나는 장면입
니다.

"그 장면에서 나를 불편하게 하는 것은
눈에 보이는 것인가요? 귀에 들리는 소리인가요?"
귀에 들리는, 언니를 무시하고, 비난하는 투의 아버지 목소리.

"그때 어떤 감정을 느꼈나요?"
무섭고 두려운 불안.

"그 상황을 어떻게 받아들였나요?"
평범하지 않고 부끄러운 상황으로 느꼈어요.

"부끄럽다는 것은 어떤 의미인가요?"
그런 언니가 내 언니인 거, 그런 아빠가 내 아빠인 거,

내 가족이고 내가 그 가족의 일원인 거.

같이 없어질 것 같고, 나도 없어질 것 같은 느낌,

사랑받지 못하고 없어질 것 같은 느낌이에요.

"그때 큰언니가 어떻게 해주기를 바랐나요?"

그냥 언니가 언니였으면 하고 바랐어요.

고민 얘기하고 기댈 수 있고 남들에게 당당할 수 있는 언니였으면…

"그때 큰언니에게 어떻게 하고 싶으셨나요?"

언니가 없어졌으면 좋겠어. 그렇게 좀 살지 마. 제발~

창피하고 부끄러워. 왜 그렇게 사니?

게임 좀 그만하고, 아빠가 말하는 것 듣고, 내 삶을 방해하지 마.

진짜 왜 그래. 답답해.

언니가 내 언니인 게 정말 싫어. 사라져. 너무 싫어.

언니가 내 언니인 게 너무 부끄럽고 싫어.

나는 언니를 언니라고 생각해 본 적 없어.

제발 자기 역할을 해. 제발 신경쓰이게 하지 마.

제발 내 삶을 방해하지 마. 언니 너무 싫어.

언니는 마음의 짐이야. 챙겨줘야 하는 존재.

왜 자꾸 거슬려? 왜 엄마 아빠 힘들게 해?

아빠한테 많이 맞고 그랬는데, 언니한테 미안해요.

"언니한테 미안한 마음을 표현해 보세요."
그때 나는 어렸고, 6살 많은 언니였고
내가 기댈 수 있는 언니이길 너무 바랬어.
그때는 나도 언니를 이해할 수 있는 나이가 안 되었어.
언니 편이 되어주지 못해서 미안했어.
언니 너무 미안해. 너무 미안해.

"새롭게 알게 된 것에 대한 소감을 한마디 한다면?"
온몸에 긴장이 풀어지고 편안한 마음이 들어요.
언니에게 막연하게 떨친 적은 있었지만 소리친 경험은 없었어요.
불편하고 싫은 마음도 갖고 있었고, 미안한 마음도 있었어요.
소리치고 미안한 마음을 표현하니까 언니가 이해해 주는 것 같았고
언니가 언니로 보이는 존재가 되었어요.

무섭고 두려운 불안 3

어릴 때 구체적으로 어떤 일이었는지 기억은 나지 않지만, 엄마가 나를
나무라고 혼내는 장면입니다.

"그 장면에서 나를 불편하게 하는 것은
눈에 보이는 것인가요? 귀에 들리는 소리인가요?"
눈에 보이는, 엄마의 눈을 부릅뜬 사나운 표정.

"그때 어떤 감정을 느꼈나요?"
무섭고 두려운 불안.

"그때 엄마가 나를 어떻게 취급한다고 느끼셨나요?"
잘못된 아이로 취급받는다고 느꼈어요.

"잘못된 아이라는 것은 어떤 의미인가요?"
부모 말 안 듣는 아이. 시키는 대로 안 하는 아이.
부모 말 안 들으면 여기저기서 다 환영받지 못하고 버려질 것 같은 것.
버려지면 살 수 없을 것 같아요.

"그때 엄마가 어떻게 해주기를 바랬나요?"

화내지 않고 얘기해주기를 바랬어요.

그렇게 사납게 안 봤으면 하고 바랬어요.

따뜻하게 보듬어줬으면 하고 바랬어요.

아빠 욕하면서 '너도 그렇다'고 얘기 안 했으면 하고 바랬어요.

"그때 엄마에게 어떻게 하고 싶으셨나요?"

엄마 기분 나쁘다고 나한테 그렇게 하지 마.

누나랑 다른 사람 비교하면서 야단치지 마.

다른 사람 눈치보면서 살지 마.

정직하게 살아. 거짓말하지 마.

그렇게 살지 마. 거짓말하면서 그렇게 살지 마.

그러다 기분 나쁘면 나한테 화풀이하지 마.

엄마나 잘해. 엄마나. 자기나 잘하라고.

나한테 그렇게 사납게 보지 말고 악다구니 쓰면서 말하지 마.

왜 그렇게 변덕이 심한데? 불안하잖아. 또 혼낼까봐.

다른 사람 눈치 그렇게 보면서 나도 눈치 보게 만들고 그렇게 살지 마.

그렇게 비교하지 말고, 아빠 욕도 그만하고, 나한테도 그러지 말고.

그러지 말라고.

그래서 눈치 보잖아. 안절부절 못하고 불안해하고.

왜 그렇게 눈치 보게 만들어.

같이 죄책감 느끼게 만들고 그렇게 살지 마.

사고치고, 거짓말하고, 거짓말 시키고,

같이 불안하게 만들고, 같이 눈치 보게 만들고, 같이 죄책감 느끼게
하고.

똑바로 살아. 똑바로.

화나면 죽일 듯이 노려보고. 그러지 마.

좀 제대로 살라고. 제대로.

진심으로 대하고 진정성 있게 살아.

주위 사람 눈치 보게 하지 말고. 그렇게 살지 마. 그러지 마.

똑바로 살아. 거짓말하지 말고.

거짓말 좀 하지 말고, 거짓말 좀 시키지 말고, 비굴하게 살지 마.

다른 사람에게 피해주지 마.

"새롭게 알게 된 것에 대한 소감을 한마디 한다면?"

얘기하다 보니 엄마를 굉장히 부정적으로 느끼고 있었네요.

내 마음을 떠오르는 대로 얘기하다 보니

엄마에게 강하게 부정적으로 느끼고 있었던 것 같아요.

엄마에게 사랑보다 미운 마음이 더 컸던 거 같아요.

그동안 할 수 없었던, 꼭 하고 싶었던 얘기였던 것 같고

어려서는 못하고, 커서는 할 수 없었고, 지금은 돌아가셔서…

이런 생각까지 하고 있었구나.

밑에 깔려 있던 얘기를 하니까 꼭 한 번은 했어야 될 얘기라서 시원
해요.

엄마의 영향을 많이 받았다는 생각도 들고…

내 모습에 엄마 모습이 많이 있는 거 같아요.
그걸 알았다는 것 자체만으로도 나아진 것 같아요.

무섭고 두려운 불안 4

초등학교 때 전학을 했는데, 담임선생님이 여자 선생님이었는데 내가
그 선생님에게 그다지 잘못한 것도 아닌데 교실에서 공개적으로 혼났
던 장면이 떠오릅니다.

"그 장면에서 나를 불편하게 하는 것은
눈에 보이는 것인가요? 귀에 들리는 소리인가요?"
눈에 보이는, 사나운 담임선생님의 얼굴.

"그때 어떤 감정을 느꼈나요?"
무섭고 두려운 불안.

"그때 선생님이 나를 어떻게 취급한다고 느끼셨나요?"
아주 가치 없게 잘못된 애로 취급받았어요.

"가치 없게 잘못된 애로 취급받는다는 것은 어떤 의미인가요?"
모든 사람들이 나를 안 좋아할 것 같은 느낌이에요.
그렇게 되면 외톨이가 될 것 같아요.
결국 혼자 떠돌다가 살 수가 없을 것 같아요.

"그때 선생님이 어떻게 해주기를 바라셨나요?"

그렇게 혼내지 않았으면 하고 바랬어요.

괜히 꼬투리 잡아서 혼내지 않았으면 좋겠어요.

그렇게 사납게 안 봤으면 좋겠어요.

경멸하는 눈빛으로 보지 않았으면 좋겠어요.

여러 애들 앞에서 망신주지 않았으면 좋겠어요.

"그때 선생님에게 어떻게 하고 싶으셨나요?"

그런 표정으로 보지 마.

경멸하는 눈빛과 사나운 표정으로 보지 마.

꼬투리 잡아서 혼내지 마.

공개적으로 망신주지 마.

나를 왜 그렇게 괴롭혀. 나 좀 괴롭히지 마.

선생님이라고 그렇게 하면 돼? 그렇게 하지 마.

전학 오면 잘해줘야지. 이유 없이 괴롭히지 말고.

다른 애들 앞에서 창피하게 망신주지 마.

친구들 앞에서 그렇게 망신주면 부끄럽고 창피하잖아.

쓸데없이 괴롭히고, 잘못한 것도 없는데 야단치고, 괜히 불러서 야단치고.

학부모들이 선물 들고 오면 좋아하고, 우리도 다 알아. 그렇게 하지 마.

선생이고 어른이면 좀 어른답게 해. 애들도 다 알아. 그러지 마.

뭐 하는 거야 도대체. 애들이 얼마나 상처받는데. 나도 상처받고. 그러지 마.

똑바로 해. 그러지 마.

공개적으로 망신주고 자기 맘에 안 든다고 창피주고 그렇게 하지 마.

당신 자식이 학교에서 그렇게 대접받으면 좋겠어? 그렇게 하지 마.

"새롭게 알게 된 것에 대한 소감을 한마디 한다면?"

여 선생님은 전혀 생각도 안 하고 있었는데, 문득 그것 때문에 힘들
었던 기억이 나요.

그 선생님이 촌지도 많이 받고 그러셨는데, 전학 가자마자 괴롭힘
을 많이 받았고 왜 그런지는 어렸는데도 알고 있었어요.

무섭고 공포스러운 불안

회사 상사가 화낼 때 얼굴이 울그락불그락하면서 눈은 표독하게 변화
고, 째려보면서 질책하는 모습이 어릴 때 삼촌이 나를 혼낼 때 하는 모
습이랑 비슷하게 느껴져요.
오늘은 삼촌이 나를 혼내는 장면으로 하고 싶어요.

"그 장면에서 나를 불편하게 하는 것은
눈에 보이는 것인가요? 귀에 들리는 소리인가요?"
눈에 보이는, 사나운 얼굴, 부릅뜬 눈, 험악하게 붉게 상기되어서 쏘
아보는 눈빛.

"그때 어떤 감정을 느꼈나요?"
무섭고, 두렵고, 공포스러운 불안.

"그 삼촌이 나를 어떻게 취급한다고 느끼셨나요?"
내가 많은 걸 잘못한 것처럼 느끼게 해요.

"많은 걸 잘못한 것처럼 느끼는 건 어떤 의미인가요?"
쓸모가 없다.

버려질 수도 있을 것 같아요.

어디서도 환영을 못 받을 것 같아요.

버려지면 살 수가 없을 것 같아요.

"그때 삼촌이 어떻게 해 주기를 바랐나요?"

혼내지 않았으면…

그렇게 무섭게 쳐다보지 않았으면…

그렇게 잘못한 것처럼 얘기 안 했으면 좋겠어요.

큰 소리로 쥐 잡듯이 안 했으면 좋겠어요.

나를 놀라지 않게 호통치지 않았으면 좋겠어요.

"그때 삼촌에게 어떻게 하고 싶으셨나요?"

나한테 왜 그랬어? 그러지 마.

왜 자꾸 뭐라 해. 왜 자꾸 혼만 내.

왜 나한테 그렇게 엄하게 하는데.

삼촌인데 왜 이렇게 무섭게 해.

내가 많이 잘못한 것처럼 얘기하지 마.

그런 취급당할 이유가 없다고.

무섭게 하지도 말고, 호통치지도 말고, 잘해주라고.

항상 잘못한 것처럼 하지 말고.

삼촌이면 삼촌답게 해야지.

"새롭게 알게 된 것에 대한 소감을 한마디 한다면?"

처음 삼촌을 떠올렸을 때보다 더 실감이 나고 더 구체화 되었다는
느낌이 나고
마음 깊은 곳에 있었던 얘기가 편안하게 나온 거 같아요.
그때 못한, 하고 싶었던 얘기는 다 한 것 같아요.
이제 삼촌에 대한 것은 다 풀어진 것 같아요.

그러고 보니 인생의 최대 목표가 혼나지 않기 위해 실수하지 않고
사는 것이었네요.

질책받는 무서운 불안

어린 시절 집에 있을 때 엄마가 나보고 전화를 받으라고 해서 받았는데 엄마를 찾는 전화였어요. 엄마는 '엄마가 없다고 해라'고 했는데 나는 그 말을 못 듣고 엄마가 있다고 바꿔줘서 엄마에게 혼나는 장면이에요.

"그 장면에서 나를 불편하게 하는 것은
눈에 보이는 것인가요? 귀에 들리는 소리인가요?"
눈에 보이는, 엄마의 화난 얼굴.

"그때 어떤 감정을 느꼈나요?"
잘못해서 질책이 무서운 불안.

"그때 엄마가 나를 어떻게 취급한다고 느끼셨나요?"
나는 잘못된 사람이다.

"잘못된 사람은 어떤 의미인가요?"
엄마한테 도움도 안 되고,
나는 없어도 되는 존재, 없는 게 나은 존재.

내가 버려질 수도 있겠다.

"그때 엄마가 어떻게 해주기를 바랐나요?"
나를 혼내지 않았으면 하고 바랐어요
부드럽게 얘기를 해줬으면…
나보고 대신 전화 받으라고 안 했으면 하고 바랐어요.

"그때 엄마에게 어떻게 하고 싶으셨나요?"
나보고 전화 받게 하지 마!
그렇게 도망 다니지 마!
노려보지 마! 비교하지 마!
무서워, 혼내지 마!

"새롭게 알게 된 것에 대한 소감을 한마디 한다면?"
질책하는 높은 톤의 목소리나 화난 무서운 얼굴을 보면 주눅 드는
내 모습을 알게 되었어요.
아내의 화난 얼굴을 보고 '내가 뭔가 잘못했구나' 하는 불안이 올라
오는 이유를 알 것 같네요.

무슨 일이 일어날지 모르는 불안

여고 시절, 집에 방이 없어서 나는 옥탑방에서 생활하게 되었어요. 그곳은 아래층에 학원이 있는 건물로 쉬는 시간이면 남학생들이 휴식을 취하러 올라오고, 낯선 사람들이 방범창도 없는 나의 옥탑방을 기웃거렸어요.

"그 장면에서 나를 불편하게 하는 것은
눈에 보이는 것인가요? 귀에 들리는 소리인가요?"
귀에 들리는, 낯선 사람의 소리.

"그때 어떤 감정을 느꼈나요?"
어떤 일이 일어날지 모르겠다는 불안.

"그 상황을 어떻게 받아들였나요?"
창피하다.

"창피하다는 것은 어떤 의미인가요?"
자존심이 상하고 민낯이 보이는 느낌.
나의 바닥을 보이는 느낌.

부모도 경멸당할 것 같고 나락으로 떨어진 느낌.

혼자서 방치된 느낌.

"그때 부모님이 어떻게 해주기를 바랬나요?"

힘들고 상처받았다는 것을 좀 알아줬으면…

충분히 미안해했으면 좋겠어요.

위로해주고, 인정해주고, 사과해줬으면 좋겠어요.

"그때 부모님에게 어떻게 하고 싶으셨나요?"

어떻게 여고생을 이런 곳에 살게 하냐!

너무 불안해. 너무 무서웠어.

딸을 그렇게 힘들게 하다니, 내가 데려온 자식이야!

왜 그런 곳에 나를 방치했어?

엄마 아빠처럼 사는 게 너무 싫어!

"새롭게 알게 된 것에 대한 소감을 한마디 한다면?"

이때부터 원초적인 불안이 생긴 것 같아요.

긴장되는 불안

초등학교 때부터 부모님은 바쁠 때 나에게 가게 일을 시키려면 인터폰을 눌러서 호출했습니다. 그 가게에는 친구들도 오기 때문에 부끄럽기도 했어요. 진짜 힘든 건 공부를 하면서도 언제 인터폰이 울릴지 몰라 항상 긴장하고 있어서 공부에 집중도 어려웠습니다.

"그 장면에서 나를 불편하게 하는 것은
눈에 보이는 것인가요? 귀에 들리는 소리인가요?"
귀에 들리는, 인터폰 소리.

"그때 어떤 감정을 느꼈나요?"
방해받고, 긴장되는 불안.

"그 상황을 어떻게 받아들였나요?"
나를 소중하게 여기지 않는구나.

"나를 소중하게 여기지 않는다는 것은 어떤 의미인가요?"
나를 인정해 주지 않는 것.
자존감과 연결되어 있는데, 사랑받을 사람이 아니다.

"그때 부모님이 어떻게 해주기를 바랬나요?"
나를 부르지 않아 공부에 방해받지 않기를 바랬어요.

"그때 부모님에게 어떻게 하고 싶으셨나요?"
그만 불러! 그만 시켜!
시험이 중요하니까 방해하지 마!
창피해!

"새롭게 알게 된 것에 대한 소감을 한마디 한다면?"
살아오면서 긴장을 멈추지 못하는 것이
어렸을 때부터 늘 긴장하면서 살았기 때문인 것 같네요.

긴장되어 눈치 보는 불안

학교에서 교감 선생님에게 인사드리러 갔는데, 선생님의 불편해 보이는 표정에 나를 안 좋게 보지나 않을까 하는 걱정과 폐를 끼치는 것 같고 신경 쓰이게 하는 것 같은 느낌이 들고, 손에는 땀이 나고 등은 경직되어 눈치를 보고 있는 나를 알게 되었다.

그와 같은 느낌의 어린 시절을 떠올려보니 교실에서 발표를 기다리고 있는 상황이 떠올랐다.

"그 장면에서 나를 불편하게 하는 것은
눈에 보이는 것인가요? 귀에 들리는 소리인가요?"
손에 땀이 나서 불편하게 해요.

"그때 어떤 감정을 느꼈나요?"
긴장되고, 어찌할 수 없는, 통제할 수 없는, 스스로 느끼는 불안.

"그 상황을 어떻게 받아들이셨나요?"
스스로가 긴장되고, 몸에 반응이 와요.
손에 땀이 나고, 친구들, 선생님에 대한 눈치를 보고 있어요.
나를 안 좋게 보지 않을까?

나로 인해 불편한 상황이 되지 않을까?

"나로 인해 불편한 상황이 된다는 것은 어떤 의미인가요?"
주목받게 되는 게 두렵고, 주목은 부정적인 인식, 그렇게 바라보고,
나를 싫어하고, 내게서 멀어지지 않을까 하는 거예요.
내게서 멀어지면 혼자가 될 것 같아요.
혼자가 된다는 것은 있는 듯 없는 듯 그냥 그렇게 시간을 보내는
존재.
그런 존재가 되면 돌아다니는 개미가 돼서 누군가에게 밟혀도 있는
듯 없는 듯한 존재.
결국 존재하지만 사라져요. 없어져요.

"새롭게 알게 된 것에 대한 소감을 한마디 한다면?"
내 안에 눈치 보고 긴장하고 이런 것들이 때론 과도하게 느껴졌는데,
어린 시절 발표할 때 누가 눈치 준 것은 아니었고
제 스스로가 느끼는 불안과 긴장이 과하게 느껴졌어요.
앞으로는 그럴 때마다 멈춰야 되겠다 싶어요.

안절부절 못하는 두려운 불안

회사에서 임원과 동료들 앞에서 발표를 하는데 발표 자료의 부족함에 대해 임원이 질책할 때 두려움, 자책 그리고 평가에 대한 불안이 올라오고 몸 전체에 한기가 드는 느낌이 들었습니다.
그와 같은 느낌의 어렸을 때 기억을 떠올려보니, 구체적으로 누구에게 무엇 때문에 혼나는지는 모르겠는데 아무튼 어른들한테 내가 혼나고 있는 장면이 떠오릅니다.

"그 장면에서 나를 불편하게 하는 것은
눈에 보이는 것인가요? 귀에 들리는 소리인가요?"
눈에 보이는, 한심하고 못마땅하다는 표정.

"그때 어떤 감정을 느꼈나요?"
안절부절 못하는, 두려운 불안.

"그때 나를 어떻게 취급한다고 느끼셨나요?"
천덕꾸러기로 취급받는 거 같았어요.

"천덕꾸러기로 취급받는다는 것은 어떤 의미인가요?"

310

쓸모없고, 필요 없는 애와 같은 의미에요.

그래서 잘못하면 버려질 수도 있겠다는 생각도 들고,

버려지면 살 수 없을 것 같아요.

"그때 상대가 어떻게 해주기를 바라셨나요?"

그런 표정으로 야단치지 않았으면 하고 바랬어요.

사납게 보지 않았으면 좋겠어요.

큰 목소리로 닦달하지 않았으면 좋겠어요.

"그때 상대에게 어떻게 하고 싶으셨나요?"

그렇게 야단치지 마세요.

그런 사나운 표정으로 보지 마세요.

나한테 따뜻하게 대해 주세요.

야단치지 말고 칭찬도 좀 해주고, 좋게 대해줬으면 좋겠어요.

내가 뭘 그렇게 잘못했는데? 잘한 것은 칭찬도 해주고 했어야지.

기분 나쁘게 너무너무 심하게 그러지 말고 잘 좀 대해주라고.

자기 기분 나쁘다고 애한테 말 그렇게 하지 말고 내 기분도 좀 헤아려 줘.

잘한 것은 칭찬도 하고, 격려도 좀 하고, 잘했다고도 좀 하라고.

따뜻하게 대해줘. 잘 보호해 달란 말이야.

나 그렇게 잘못된 아이 아니야. 잘하는 것도 많고, 사랑받을 만하단 말이야.

"새롭게 알게 된 것에 대한 소감을 한마디 한다면?"

말하는 중에 나도 잘하는 게 많고 칭찬받을 만한 게 많다고 하는 말이 은연중에 마음에서 꿈틀꿈틀 올라오는 걸 느꼈어요.

나한테 이런 면이 있구나.

잘하는 게 있어도 그게 칭찬으로 안 들리고 항상 겸손해야 되는 거 같았는데…

얘기하다 보니 나에 대한 긍정적인 면이 많이 올라오는 것 같아요.

마음을 들켜버릴 것 같은 불안

고등학교 때 사귄 친구인데, 내가 좋아하고 닮고 싶고 내게 잘해준 솔
직한 친구인데, 나는 나의 속마음을 안 보여줬어요. 그 친구가 자주
"왜 너는 속마음을 잘 표현하지 않니?" 하고 물었는데, 그때 압박받
고, 어쩔 줄 몰라 하고 아무런 말도 못한 장면입니다.

"그 장면에서 나를 불편하게 하는 것은
눈에 보이는 것인가요? 귀에 들리는 소리인가요?"
귀에 들리는, 중저음의 단호하고 분명한 톤과 "왜 너는 속마음을 잘
표현하지 않니?"라는 말의 내용.

"그때 어떤 감정을 느꼈나요?"
인정받지 못하고 사랑받지 못할 것 같은 불안, 마음을 들켜버릴 것
같은 불안.

"그때 친구가 나를 어떻게 취급한다고 느끼셨나요?"
추궁받고, 압박받고, 취조당하는 것 같은 느낌이었어요.

"추궁받고, 취조당하는 것은 어떤 의미인가요?"

애써 감추고, 덮고, 포장했던 것들이 들춰지는 것 같은 것.

들키면 나를 싫어하게 될 것 같고, 그러면 또 외톨이가 될 것 같은 느낌.

외톨이가 되면 아무것도 할 수 없게 되는 것.

투명인간이 될 것 같고, 아무도 나를 알아보지 못할 것 같고.

투명인간이 되면 아무런 의미가 없어져서 연기처럼 사라질 것 같아요.

"그때 그 친구가 어떻게 해주기를 바라셨나요?"

그냥 다른 아이들처럼 모른 척 넘어갔으면 하고 바랐어요.

그런 내 모습도 이런 모습이구나 인정하고, 이해하고 보듬어 줬으면 하고 바랐어요.

솔직하지 않다고 말하기보다는 애쓰는 모습이 어색해 보이는데 무슨 일이 있는지 물어봐 주길 바랐어요.

침묵이 되게 오래 흘렀는데 준비가 되면 그때 얘기해줘 라고 말했으면 좋겠어요.

"그때 친구에게 어떻게 하고 싶으셨나요?"

나한테 왜 그래. 네가 그렇게 말하니까 내가 부담스러워.

많이 힘들었는데 티 안 내려고 많이 애썼어. 내가 더 잘 보이려고 그랬어.

나는 그 말이 너무 부담스러웠어.

나도 부끄럽고 싫은 내 모습을 네가 알게 되면 네가 나를 싫어할까 봐 너를 잃을 것 같아서 말을 못했어.

우리 집에 오고 싶어 했는데 보여줄 수가 없었어. 너무 부끄러워서 좋은 모습만 보여주고 싶어서.

친해지고, 사랑받고, 잘 지내고 싶었어. 난 네가 정말 좋았어.

나와 다르게 예쁘고, 야무지고, 솔직하고, 똑똑한 네 모습을 좋아했어.

내 모습이 너무 초라했어. 감추고, 보여주고 싶지 않았어. 그런 내 모습을 보여줄 용기가 없었어.

넌 참 솔직했어. 있는 모습 그대로 보여주는 그런 모습도 좋았어.

너는 우리 집 가족, 나에 대해서 많이 궁금해했어. 근데 나는 그럴 용기가 없었어. 무서웠어.

나는 내가 너무 싫었거든. 우리 가족도 싫고.

네가 오해했을 것 같애. 내가 어떤 마음을 갖고 있는지 몰라서.

그때 그 어린 마음에 너한테 네가 나 싫어할까 봐 솔직하게 말을 못해서 미안해.

그리고 솔직하지 못한 내 모습도 이해해 줬던 것 같아. 고마워.

그때도 많은 것을 안 물어봐 줘서 고마워.

"새롭게 알게 된 것에 대한 소감을 한마디 한다면?"

내 모습을 감추려고 그때 진짜 많이 애썼을 것 같아요.

근데 그런 모습도 내 친구들은 인정하고 사랑하고 보듬어주었어요.

그리고 또, 불안해서 한 사람에게도 말하지 못한 것이 생각나요.

되게 마음이 편해요. 지금.

혼란스러운 불안

나는 불안과 긴장을 많이 느끼고 살았어요.
초등학생 때 엄마가 돈을 벌어 생계를 유지하고 아빠는 한량으로 지내던 시절에, 아빠가 다른 여자랑 팔짱 끼고 가는 모습을 본 엄마가 길거리서 아빠에게 양산을 던지고 난리를 친 후 집에 가서 문을 잠그자 아빠가 문 열라고 소리를 지르고 철문을 발로 차는 장면이에요.

"그 장면에서 나를 불편하게 하는 것은
눈에 보이는 것인가요? 귀에 들리는 소리인가요?"
눈에 보이는, 다른 여자가 아빠 팔짱 낀 모습,
귀에 들리는, 철문 발로 차면서 문 열라고 소리치는 목소리의 높은 톤.

"그때 어떤 감정을 느꼈나요?"
혼란스러운 불안.

"그 상황을 어떻게 받아들였나요?"
나는 안중에도 없네.

"안중에도 없다는 것은 어떤 의미인가요?"

나는 지옥을 겪고 있는데 부모님은 전쟁.

도와줄 사람도 없고 혼자서 불안한 상황을 겪어내야 하고

버림받은 것 같은 아이의 상태가 되는 것.

나의 기준이 무너지는 것은 감당해야 되는 것이 많아지는 것.

내가 삶의 무게에 짓눌리는 것이네요.

"그때 아빠가 어떻게 해주기를 바랐나요?"

아빠가 용서를 빌어서 엄마 마음 달래주어 상황이 종료되기를.

"그때 아빠에게 어떻게 하고 싶으셨나요?"

욕하고 싶었어요. 한심해!

엄마한테 빌어. 엄마한테 좀 잘해!

엄마가 불쌍하지도 않아!

그렇게 살지 마!

"새롭게 알게 된 것에 대한 소감을 한마디 한다면?"

나만의 편안한 삶을 살지 못했네요.

부모의 다툼, 부르면 도와야 하는 긴장, 나에게 집중할 수 없었던 삶.

어렸을 때부터 느껴온 원초적인 불안을 떨쳐내야 되겠다는 생각도
들고

그동안 나를 삶의 무게에 짓눌리게 했던 삶의 기준을 내려놓으면서

"실수해도 괜찮아."를 지향하면서 살려고 노력을 해야겠어요.

내가 기준을 내려놓기 위해

타인이 볼 때 부족한 허점이 있는 구멍도 되고

생활에만 집중하지 않고 행복한 걸 즐겨야 되겠다 싶어요.

공포스러운 불안

회사 업무와 관련해서 공장 라인에 문제가 된 사건이 있었는데, 그건 내가 맡은 부서에서 일어난 일이지만, 내가 잘못한 것도 아니고 언제든 발생할 수 있는 문제인데 부서장이 나에게 "니가 다 책임져. 니 잘못이야.", "니가 다 처리하고 공장장한테 가서 용서를 빌어."라고 하는데 그 순간 너무나 무섭고 공포스러운 불안을 느꼈어요.

"그 장면에서 나를 불편하게 하는 것은
눈에 보이는 것인가요? 귀에 들리는 소리인가요?"
눈에 보이는, 표독하게 바라보는 상사의 화난 얼굴.

"그때 어떤 감정을 느꼈나요?"
무섭고 공포스러운 불안.

"그때 부서장이 나를 어떻게 취급한다고 느끼셨나요?"
큰 죄인으로 취급받는 느낌이었어요.

"죄인으로 취급받는다는 건 어떤 의미인가요?"
무능력하고, 쓸모가 없고, 부족한 존재.

이 조직에서 필요 없는 존재.

존재가 버려질 것 같고, 어디에서도 거부당하는 존재.

그건 살 수 없을 것 같은 느낌이었어요.

"그때 부서장이 어떻게 해 주기를 바랬나요?"

무섭게, 표독스럽게 질책을 안 했으면 좋겠어요.

찬찬히 해결해 보라는 격려의 말을 해주기를 바랬어요.

같이 문제를 해결하고 보고에 도와주기를 바랬어요.

"그때 부서장에게 어떻게 하고 싶으셨나요?"

왜 그렇게 나를 못 잡아먹어서 안달이지.

내가 잘못한 게 아닌데 왜 나를 죄인처럼 취급해.

죽일 사람처럼 그렇게 소리치고 욕하지 마.

당신이 책임자라도 똑같이 일어날 수 있는 일이잖아. 당신은 잘못한 거 없어?

상사가 도움은 못 줄 망정 질책만 하냐!

당신은 뭐가 그래 잘났어? 여기 당신보다 못한 사람이 어디 있어?

부서원은 당신 부하지 종이 아니야. 인격적으로 모독하지 마.

"새롭게 알게 된 것에 대한 소감을 한마디 한다면?"

이 사람한테 느끼는 공포의 감정을 다른 직원도 느끼는 것 같아요.

정상의 상태를 넘어서 안절부절 못하는 느낌의 사람이 떠오르네요.

그 직원도 힘들겠다 싶네요.

320

어쩌지 못하는 불안

어릴 때 친구들과 잘 놀고 있는데, 엄마가 빨리 들어오라고 30분 단위
로 계속 전화하는 장면이 떠오릅니다.

"그 장면에서 나를 불편하게 하는 것은
눈에 보이는 것인가요? 귀에 들리는 소리인가요?"
귀에 들리는, 반 협박적인 뉘앙스의 소리.

"그때 어떤 감정을 느꼈나요?"
친구들 사이에서 못 빠져나가고, 엄마는 계속 오라고 하는 상황에
서 어쩌지 못하는 불안.

"그때 엄마가 나를 어떻게 취급한다고 느끼셨나요?"
너무 애 취급받는 느낌이었어요.

"애로 취급받는다는 것은 어떤 의미인가요?"
과잉보호 받는 느낌.
구속받는 느낌. 답답해요.
아무것도 할 수 없어요.

그래서 아무것도 안 할 것 같고, 존재의 의미가 없어요.

"그때 엄마가 어떻게 해주기를 바라셨나요?"
그냥 한 번만 묻고, 뭘 하고 있는지만 묻고 놔두기를 바랬어요.

"그때 엄마에게 어떻게 하고 싶으셨나요?"
전화 그만해.
구속받는 느낌이야. 답답해.
엄마 말하는 게 반 협박적으로 들려.
답답해서 죽을 것 같애. 전화 좀 그만해.
자꾸 전화하면 답답해서 죽어 버릴 거야.
나 이제 핸드폰 끈다.
이제 전화 그만해.

"새롭게 알게 된 것에 대한 소감을 한마디 한다면?"
그때 이후로 전화 안 오게 하는 요령이 생겼어요. 시간을 미리 알려
줘요.

쫓기는 불안

중1 때 학교를 다녀왔는데 엄마가 빨래를 어디에다 뒀냐며 야단을 칩니다. 생각도 안 나고 횡설수설하는데 '네 동생이었으면 이렇게 이렇게 해놓았을 텐데 네가 이렇게 해놓았다'고 야단을 치는데 정말 억울했어요.

"그 장면에서 나를 불편하게 하는 것은
눈에 보이는 것인가요? 귀에 들리는 소리인가요?"
귀에 들리는, 다그치는 소리.

"그때 어떤 감정을 느꼈나요?"
쫓기는 불안.
내가 이 집에서 살 수 있을까? 나도 아빠같이 죽으면 어떡하지?
뼈마디가 바싹바싹 마르는 그런 불안요.

"그때 엄마가 나를 어떻게 취급한다고 느끼셨나요?"
네가 없었으면 좋겠어. 네가 싫어.
어떻게 하라는 거지? 내가 어떻게 해야 살 수 있나?

"내가 어떻게 해야 살 수 있나? 라는 것은 어떤 의미인가요?"

이 상황에서 벗어나고 싶다는 것.

타협하는 것. 노예가 된 것 같다. 내가 물린다.

답답해요. 고통스럽고, 숨이 안 쉬어지고, 죽을 것 같고, 고양이한테 물리는 느낌이에요.

"그때 엄마가 어떻게 해주기를 바라셨나요?"

목덜미를 물지 않았으면 하고 바랬어요.

쉴 수 있게, 편안하게 집에서 쉴 수 있게 그냥 뒀으면 하고 바랬어요.

"그때 엄마에게 어떻게 하고 싶으셨나요?"

뺨을 때리고 싶었어요. 망치로 때리고 싶었어요.

"하지 마!" 하고 소리치고 싶었어요. 탈출하고 싶었어요.

나는 뭐냐? 자식이냐고? 내가 언제 그렇게 하라고 한 적 있어? 허락한 적 있어?

거절한다고. 너 따위를. 거머리 같은 기집애.

더러운 년아. 미친년아. 썩 꺼져. 내 인생에서 썩 나가.

너를 거절해. 거부한다고. 없어도 돼! 필요하지 않아.

이용만 하는 나쁜 년. 네가 뭔데 들어와서.

1도 허락한 적 없어. 엄마도 아냐. 네가 뭔 엄마야.

지옥 같았어요. 거짓말과 학대로부터 벗어나고 싶었어요.

네가 키운 게 아니잖아. 뭘 키웠는데. 우리 바보 만들었잖아. 평생을

324

상담받게 만들었잖아.

가증스럽다. 어린애를 갖고 그 따위로 해? 간교하고 간사스럽다.

약한 사람들을 다 뜯고. 인간말종.

나의 소원을 이루기 위해 이제 호적을 파도 후회 안 할 것 같고, 연민, 애정도 안 가질 거예요.

칼로 잘라 버릴 거예요.

내가 우울한 것도 그 사람 때문, 내가 상처받고 자신감 없는 것도 그 사람 때문인 것 같아요.

이래도 되는구나. 숨을 크게 쉬고 싶어요.

비난의 올가미에서 벗어나고 싶어요.

용서의 대상이 아닌 것 같아요.

해도 해도 돈을 못 벌고, 자리를 잡지 못한 이유를 알 거 같아요.

마음이 뚫려 있었거든요.

사랑과 증오가 같이 있는 게 너무 힘들어요.

엄마인가 하면 괴물이고, 괴물인가 하면 엄마여서 혼란스러워요.

"침묵으로 학대"할 때 알아서 해야 했고, 알아서 잘해야 했어요.

하늘 보고 웃을 수 없었고, 풀잎 보고 즐길 수 없었어요.

그 사람이 그랬어요. 사람이 아니라고. 침묵으로 사람이 아닌 것처럼 대우했어요.

웃으면 안 되나 보다, 즐거우면 안 되나 보다, 그렇게 생각했어요.

비위 맞추는 데 익숙해져서 내가 원하는 걸 찾아내는 게 어려웠어요.

혼자라는 것이 무서웠고, 엄마는 비난이나 침묵으로 존재를 대우했어요.

인간관계를 할 수가 없었어요.

등하교도 혼자. 수학여행도 혼자. 소풍가도 혼자. "친구야 놀자."를 할 줄 몰라요.

내가 원하는 힌트가 있을까 봐, 풀어나가는 실을 잡을 수 있을까 봐 길을 헤매고,

이 사람 저 사람 만나고 싶었지만 만날 수가 없었어요.

교회에서 자면 춥고 벌벌 떨지만 마음이 편했어요.

숨 쉴 수 있으니까, 호흡하며 살 수 있으니까.

왜 사는지 모르겠더라고요.

내가 원하는 걸 말할 줄 모르니까, 내가 느끼는 게 뭔지 알아차릴 수 없으니까, 그런 시간을 겪으면서…

"너 때문에 내가 못 살아. 너 때문에 다 망쳤어." 이 말이 어려운 상황에는 올라오나 봐요.

그래서 치유되지 않은 어른은 진정한 어른이 아니에요.

동생은 혼내지 않는데 나는 혼내고 윽박지르고 하니까 존재감이 없는데, 비난받는 것을 존재하는 걸로 인식했나 봐요. 좋은 걸로 알았어요. 비난이 나쁜 거라는 생각을 못했어요.

엄마에게 나는 닭보다도 못한 존재, 1년에 한 번 보이는 사람이었

어요.

중학교 때부터 나는 '엄마 없어' 하고 단정을 지었어요. 그래서 대화할 사람이 그리웠어요.

364일은 없는 딸, 내 자신이 무능력하다고 생각을 했어요.

내 소원이 있다면 내가 나를 책임지는 것, 내가 묶이지 않는 것이에요.

"새롭게 알게 된 것에 대한 소감을 한마디 한다면?"

내가 물린 거구나. 타협하고 살았구나.

노예로 살았다고 하니까 나만 느끼는 게 아니구나.

이 방식을 바꾸어야겠다. 타협 안 하고, 노예로 안 살고, 그런 마음이 들어요.

한편 겁도 나는데, 내가 앞으로 어떻게 버틸 수 있을까? 걱정도 되고.

맹종하지 말고 자유로웠으면 좋겠어요.

엄마의 늪 같은 자아에서, 정서적인 늪에서 벗어나고 싶어요.

치유되지 않은 어른은 진정한 어른이 아니에요.

동생이 영영 안 돌아올지도 모른다는 불안

어린 시절 동생과 싸운 어느 날 밤 동생이 아버지에게 끌려나가며 "아버지, 왜 이래요?" 하는 소리를 지르고, 밖에서는 아버지가 무엇인가로 동생을 내려치는 '퍽퍽' 하는 소리가 들리고, 잠시 후 아버지가 방에 들어와서 "동생은 없다. 나와 둘이 살자"고 하는 장면입니다.

"그 장면에서 나를 불편하게 하는 것은
눈에 보이는 것인가요? 귀에 들리는 소리인가요?"
귀에 들리는, 동생의 "아버지, 왜 이래요?"와
"동생은 없다. 나와 둘이 살자."는 아버지의 말

"그때 어떤 감정을 느꼈나요?"
동생이 영영 안 돌아올지도 모른다는 불안.

"그 상황을 어떻게 받아들였나요?"
내 탓이라고, 나 때문이라고 생각했어요.
내가 동생이랑 싸우지만 않았어도.
내가 그때 집으로 들어가지만 않았어도.
그때 내가 멈추라고 했으면 됐을 텐데.

그때는 아버지를 어떻게 하고 싶었는데 무서워서 못했어요.
그냥 숨죽이고 조용히 있었어요.

"내 탓이라는 것은 어떤 의미인가요?"
동생이 그렇게 된 것이 나 때문이다.
아버지가 동생을 그렇게 만든 것은 내 탓은 아닌데…
나는 힘이 없었어요. 무서워서 어떤 것도 할 수 없었어요.

"그때 아버지가 어떻게 해주기를 바랬나요?"
그냥 고이 자기를 바랬어요.
내가 가장 바라는 것이 술 먹었을 때는 고이 자는 거예요.

"그때 아버지에게 어떻게 하고 싶으셨나요?"
아버지의 '둘이 살자'는 말의 의도를 알아차리고 소름이 끼쳤어요.
이놈이 나를 어떻게 하겠다. 너무 무서워서 나가고 싶었어요.
이놈을 믿고 있어서는 안 되겠다.
동생 다 죽어간다고, 살려달라고, 나가서 옆집에 대고 소리를 질렀
어요.
무섭고, 불안하고, 의심스럽고, 따라갈 수가 없어서 혼자 갔어요.
죽어버렸으면… 맞네 맞네. 죽어버렸으면 했었네요.
막상 교통사고로 처참하게 죽으니까 당황스럽고 죄송하기도 하고
제대로 못 보내준 게 마음에 걸렸어요.

나는 니가 나한테 한 말을 정확히 안다.

의도를 정확히 알아들어서 그래서 소름이 끼쳤어.

내가 어려서 빌붙어 살아야 하니까 어쩔 수 없었지만, 너랑 사는 게
너무 힘들었다. 이 새끼야.

니가 술 처먹고 우리를 불안하게 하고 한 걸 어찌 그리 모를 수가
있냐?

왜 가만히 있는 우리를 그렇게 고생을 시켰는데?

나한테 그런 고통, 아픔, 무서움, 두려움도 주고.

내가 니 때문에 얼마나 고생했는지 알아?

눈 오는 날 집에 못 들어가서 밖에서, 나무 위에서 잔 걸 알아?

우리는 그렇게 살았단 말이야.

어떻게 해주기를 바라지도 않았어.

다만, 술 처먹고 고이 자기만을 바랐는데. 그게 사람이 할 짓이가?

니가 인간이라면 한 번이라도 생각을 해 봤을 텐데.

니가 살았을 때 제정신으로 "미안하다. 잘못했다." 한마디만 했었어도
내가 이렇게 힘들지는 않았을 텐데…

너라는 존재는 왜 술 먹고 쓸모없는 존재가 됐는데?

내가 살면서 가장 이해가 안 되었던 게.

술 먹고 담배 피는 사람을 싫어했는데 정신 차리고 보니 그런 사람
을 만났더라.

보고 배운 게 있어야지.

나 혼자 살아내기 바빠서 또 아버지 같은 사람을 만나서 기가 찹니다.

그래도 이 사람은 '참고 살면, 내가 잘하면' 하고 참고 살았는데 안됩디다.
그냥 살았더니 안 되겠어서 대들었더니 이제는 그만합니다.

내가 어떻게 대우를 받는 게 아니고 취급을 받고 있더라고요.
아버지한테처럼. 그냥 빌붙어 살고 있었어요.
이제는 패턴을 끊을라고요.
아버지한테 그 많은 세월 동안 배운 게 없고
뒤늦게 정신 차리고 하나하나 제거해서
나를 함부로 하지 못하도록 하고 싶어요.

딸이 원망하고 분노했던 감정을 내려놓게
나한테
고생시켜서 미안했다고. 아프게 해서 미안했다고,
정말정말 온 마음을 다해서
편안하게 되었을 때 진정으로 그런 생각이 들었을 때
나한테 사과해요.

"새롭게 알게 된 것에 대한 소감을 한마디 한다면?"
어렸을 때 그 장면, 어린 나로서는 어쩔 수 없었다는 것.
내가 어쩔 수 없는 것에 대한 버거움을 가지고 있었구나.
그래서 내 스스로 너무 힘들었구나.

내가 아버지한테 강제로 사과를 받는 게 아니고

아버지가 자기 잘못을 스스로 느껴서 편안하게 나한테

"못된 짓을 많이 했구나. 잘못했다."라고 진심으로 사과하는 거예요.

생명이 꺼져버릴 것 같고, 우리가 죽겠다는 불안

초등학교 때 엄마가 집을 나가려고 했어요. 걸핏하면 엄마가 도망간다
고 몇 번이나 말을 했는데 불안했어요.
어느 날 또 엄마가 "점심 먹고, 나 있다가 나갈 거야. 엄마 있다가 도
망갈 거야. 엄마 안 올지도 몰라."라고 말을 하고 나갔어요.

"그 장면에서 나를 불편하게 하는 것은
눈에 보이는 것인가요? 귀에 들리는 소리인가요?"
귀에 들리는, '안 올지도 몰라'라는 소리.

"그때 어떤 감정을 느꼈나요?"
생명이 꺼져버릴 것 같고, 우리가 죽겠다는 불안.

"그때 엄마가 나를 어떻게 취급한다고 느끼셨나요?"
몸서리쳐지고, 너무 무서운 말이었어요.
엄마를 영영 못 볼까 봐.

"엄마를 영영 못 본다는 것은 어떤 의미인가요?"
죽음. 영원한 분리.

다시는 못 보고, 고아가 될 것 같았어요.

고아는 물에 떠내려가는 오리, 작은 동물 같은 거예요.

괴물이 덮칠까 봐 무섭고, 어둠이 우리를 괴롭힐 것 같았어요.

"그때 엄마가 어떻게 해주기를 바라셨나요?"

엄마가 안 가기를 바랬어요.

맛있는 저녁을 해 주기를 바랬어요.

"그때 엄마에게 어떻게 하고 싶으셨나요?"

가지 마. 엄마 가지 마. 엄마 가면 우리는 어떻게 살라고.

간다고? 무책임하게 우리를 두고 가면 어떻게 해.

나쁜 사람이 우리를 잡아가면 어떻게 해.

나쁜 년이네. 엄마가 애들을 두고 가버리면 어떻게 해.

가지 마, 엄마. 우리 버려두고 가면 엄마는 나쁜 사람이 되는 거야.

애를 두고 그렇게 가면 안 되지. 왜 우리를 두고 가려고 그러는 거야?

왜 이런 행동을 하는 거야. 이해할 수가 없네.

안 온다는 게 뭐야? 따져 물어보고 싶었어요.

"새롭게 알게 된 것에 대한 소감을 한마디 한다면?"

개운한 거 같아요. 마음이 가벼워지는 것 같아요.

소름이 돋았어요. 처음 알게 되었어요.

'내 발목을 잡았구나' 하고 느껴져요. 혈연이 뭐라고.

나는 이런 게 불안했구나. 나를 이해하는 데 중요한 거 같아요.

공포스럽고 절망적이고 고립되는 불안

나는 조심성도 없고 성격도 급하여 짜증도 잘 내고 불안과 우울도 많이 느낍니다. 성장 과정에서는 부모와 대화도 없었고 학창시절에는 눈치를 보고 어느 선 이상을 다가가지 못해 친구 관계도 어려웠습니다. 사랑에 허기진 나는 식탐이 많았고 불 꺼진 어두움을 두려워하며 자주 자살 충동을 느낍니다.
6살 때 동생과 블록을 쌓고 놀고 있는데, 엄마가 문을 잠그고 집을 나간 얘기를 하고 싶어요.

"그 장면에서 나를 불편하게 하는 것은
눈에 보이는 것인가요? 귀에 들리는 소리인가요?"
눈에 보이는, 엄마의 문 잠그고 나가는 모습.

"그때 어떤 감정을 느꼈나요?"
공포스럽고, 외롭고, 겁나고, 절망적이고, 고립되는 불안.

"그때 엄마가 나를 어떻게 취급했다고 느끼셨나요?"
버려졌다는 생각이 들었어요.

"버려진다는 것은 어떤 의미인가요?"
소중하지 않은 존재, 보호를 받지 못하고 있다는 느낌.
두렵고, 막막하고, 정상적으로 성장을 못할 것 같고,
존재가 소멸되어 사라지고 없어지는 느낌이에요.

"그때 엄마가 어떻게 해주기를 바랐나요?"
엄마가 문을 잠그지 않았으면 좋겠고,
우리를 두고 나가지 않았으면 좋겠고,
쓰다듬어주고, 안아주고, 웃어주고, 같이 놀아주기를 바랬어요.

"그때 엄마에게 어떻게 하고 싶으셨나요?"
엄마가 다시 돌아오지 않을 것 같고, 우리가 버려질 것 같고, 소중하고 중요한 사람이 아니라고 느껴져요.
너무 두렵고 외롭고 버려진 것 같아 공포스러워요.
보호받고 사랑받아야 할 아이인데, 자주 외출하면서 불안이 더 커졌어요.

소중한 사람이라고 칭찬하고 사랑해 주세요.
사과하세요. 도와주세요. 나를 안아주세요. 표현해주세요.
외면하지 말고 그렇게 말해주세요. 듣고 싶어요. 제발~.

"엄마 얼굴을 떠올려 보세요. 엄마가 어떻게 하고 있나요?"
눈물을 같이 흘려주고, 눈물을 닦아주고, 볼을 만져주고,

미안하다고, 사랑한다고, 외롭게 하지 않겠다고 하면서 안아주고
있어요.

"그 사랑받는 느낌을 충분하게 느껴보세요."
〈2분 경과〉 지금은 어린 나를 안아주고 있어요.
〈2분 경과〉 이제는 밥을 먹여주고 있어요.
〈2분 경과〉 지금은 불을 끄고 같이 누워서 자고 있어요.

"지금 기분은 어떠세요?"
감격스럽고, 감동적이고, 안아주면서 놓지 않고 있어요.
원했던 말, 행동을 해주니까 감사해요.

"지금 기분이 어떤지 소감을 한마디 한다면?"
체한 것이 내려간 느낌이고, 듣고 싶은 것을 듣고 보상받은 느낌이
고, 지금이라도 얘기해줘서 고마워요.
비록 어머니를 떠올려서 한 것이지만, 이제는 엉뚱한 곳에서 허기
를 채우지 않아도 되겠다.
사랑이 채워진 느낌이 드네요.
불 꺼진 어둠이 편안한 공간이 되었어요.
어둠으로부터 벗어날 수 있을 것 같고, 더 이상 어둠이 공포가 아닐
수 있겠다 싶어요.

4

행복감

행복감의 느낌은

스트레스 상황에서 빠져나와

가장 안전하게 휴식을 취할 수 있는

오직 자신만을 위한 회복의 빈 의자입니다.

뿌듯한 행복감

내가 가장 힘들었을 때는
인정받지 못하는 존재로 여겨질 때입니다.
그것은 가치 없는, 존재감이 없는 느낌입니다.

반면에 내가 가장 행복했을 때는
어떤 모습인지 떠올려 보았습니다.

교회에서 순회 합창을 할 때였습니다.
합창이 끝나고 청중들의 박수 소리가 들립니다.

끝이라는 게 기쁘면서도 아쉽고
무사히 마쳤다는 것에 대한 안도와
쉽게 경험할 수 없는 시간을
내가 좋아하는 친구들과 보낸 것입니다,

친구들과 맞잡은 손끝에
행복감이 밀려옵니다.

"그 행복감은 어떤 행복감인가요?"

그 행복감은

친구들과 특별한 유대감이 생기고

특별한 사람으로 비춰진

뿌듯한 행복감입니다.

여유로운 행복감

어린 시절
내가 해야 하는 일을 하지 않으면 혼이 날 뿐
인정을 받아본 기억이 별로 없습니다.

인정을 받지 못한다는 것은 내 존재의 거부로 느껴졌으며
그것은 내 몸이 한 조각씩 떨어져 나가서
내 존재가 사라지는 느낌이었습니다.

존재로서 거부되지 않고 인정을 받기 위해
항상 긴장된 상태에서 완벽하게 일을 처리하기 위해
끊임없이 노력하면서 살아왔습니다.

반면에 내가 가장 행복했을 때는
어떤 모습인지 떠올려 보았습니다.

남한산성 산행을 하다가
산 위에서 서울 시내를 내려다보면서
두 팔을 벌리고 바람을 맞으면서 서 있는 행복한 모습입니다.

"그 행복감은 어떤 행복감인가요?"

그 행복감은

여유로운 행복감입니다.

평화로운 행복감

어린 시절
우리 집은 항상 시끄러웠습니다.

아버지는 술 취해서 한바탕 소란 후에 방에서 자고 있고
엄마는 아버지를 피해 부엌에 가서 울고 있고
형은 자기 방에서 공부하고
나는 아버지와 같은 방에 있고
모두가 흩어져서 지내고 있습니다.

어린 시절
우리 집은 하루도 조용할 날 없는
속 시끄러운 집이었습니다.

반면에 내가 가장 행복했을 때는
어떤 모습인지 떠올려 보았습니다.

아내와 딸들 가족 모두와 함께
제주도 둘레길을 자동차로 달리면서

노래를 부르다가 '아빠 최고'를 외치는 행복한 모습입니다.

"그 행복감은 어떤 행복감인가요?"

그 행복감은

평화로운 행복감입니다.

마음이 설레는 행복감

내가 가장 힘들었을 때는
21살부터 5년간 사귀었던 남친이 폭력을 사용했던 것이었어요.
내가 벌어온 돈을 쓰면서 걸핏하면 화내면서 욕하고, 때리고…
그럴 때면 내가 이렇게 맞을 정도로 잘못한 건가 하는 원망과
나는 왜 이렇게 살아야 하나 하는 자책으로 살아온 우울한 나날이
었습니다.

처음에는 내가 그렇게 잘못했나 했다가
맞다가 보면 어느새 내가 그렇게 잘못했구나 하는 생각도 들고
아무튼 나를 사람 취급을 안 했어요.
맨날 성질내고, 걸핏하면 폭력을 써서 정말 지긋지긋한 시간이었
어요.
그래서 없어지고 싶었어요. 죽어도 된다는 생각도 많이 들었어요.
그때는 몰랐는데 나중에 보니 그게 데이트 폭력이었어요.

그때 내가 바랐던 것은
때리지만 않았으면 하고 바랬어요.

반면에 내가 가장 행복했을 때는
어떤 모습인지 떠올려 보았습니다.

코로나 전에 친구랑 해외에 3박 4일 여행을 갔을 때인데
도시도 신기하고, 음식도 신기하고, 모든 게 즐겁고 재미있었어요.

"그 행복감은 어떤 행복감인가요?"
그 행복감은
친구와 함께 새로운 곳에 여행을 가서
마음이 설레는 행복감입니다.

외롭지 않은 편안하고 안전한 행복감

내가 가장 힘들었을 때는
혼자서 누군가를 기다리며 마음이 힘들어서 웅크리고 있었을 때인데
그것은 막막하고, 그립고, 쓸쓸하고, 공허하고, 슬프고 우울한 느낌
입니다.

아무도 없고, 혼자서 힘들어도 도와줄 사람이 없어요.
사는 게 힘들고 외롭고, 혼자 남는 게 두려워요.
혼자 버려진 느낌, 살아갈 의미가 없어요.
텅 비어 있어서 죽은 거나 같은 느낌이에요.

내가 바라는 것은
누군가가 내게 다가와서
이름도 불러주고, 손도 잡아주고, 같이 얘기도 하고
돌봐주고, 많이 힘든지 물어봐주고 따뜻하게 안아줬으면…
같이 가자고 얘기도 해주고, 혼자가 아니라고 말해줬으면…
그냥 옆에 가만히 앉아서 같이 있었으면 하고 바랐어요.

반면에 내가 가장 행복했을 때는

어떤 모습인지 떠올려 보았습니다.

작년에 가족 4명이 강원도로 놀러 갔을 때
들떠 있고, 웃으면서 즐거워하면서 행복해하고 있어요.

"그 행복감은 어떤 행복감인가요?"
그 행복감은
온 가족이 함께해서
외롭지 않은 편안하고 안전한 행복감입니다.

근심 걱정이 없는 평안한 행복감

내가 가장 힘들었을 때는
성공해서 가족을 책임져야 한다는 생각에
타인으로부터 인정받지 못해서 성공하지 못할까 봐
항상 긴장된 불안을 느끼며 살 때인데
그것은 쓸모없는 존재로 여겨질까 봐 두려운 느낌이었습니다.

반면에
내가 가장 행복했을 때는

교회 나간 첫날
찬송 중에
편안하고 평안한
행복감이 밀려오던 때입니다.

"그 행복감은 어떤 행복감인가요?"
그 행복감은
근심 걱정이 없는
평안한 행복감입니다.

세상을 다 가진 기쁨의 행복감

20년도에 거실 바닥 교체하는 것 때문에 남편과 갈등이 생겼을 때
딸이 개입을 하자 남편이 딸에게 "너 한번 죽어 봐라" 하면서
칼을 들고 쫓아가는 상황이었습니다.
그때 딸을 해치려는 남편에 대한 솟구치는 분노와
딸이 어떻게 될지도 모른다는 극도의 불안을 느꼈습니다.

그때는 남편의 존재가 없어졌으면 하는 생각도 들고
집에서 영원히 쫓아 버려서 남편의 삶을 흔들어 놓고 싶기도 했습니다.

갈등 상황에 대해 무력으로 상대를 억압하려는 것은
특히나 자식을 위협으로 몰아넣는다는 것은
절대로 용납이 안 되는 미친 짓입니다.

다만, 내가 바라는 것은
누군가 의견을 제시하면 서로 이성적으로 대화를 통해서
가족의 불편함도 이해하고 수용을 하며
모든 것을 대화로 풀어나가려는 자세를 갖기를 바랐습니다.

반면에 내가 가장 행복했을 때는
어떤 모습인지 떠올려 보았습니다.

결혼 후 7년 만에 인공수정으로 아이를 갖게 되었는데
그때 걸려온 전화기 너머로 들려오는
"축하합니다. 임신입니다."라는 소식에 하늘을 날듯이 기뻤습니다.
그 기쁨은 무엇과도 바꿀 수 없었습니다.

"그 행복감은 어떤 행복감인가요?"
그 행복감은
세상을 다 가진 기쁨의 행복감입니다.

편안하고 충만한 행복감

내가 가장 힘들었을 때는
남편이랑 서로 경멸하고, 멸시하고, 미워하고, 증오하는 표정으로
안 좋았을 때인데
그것은 상대하고 싶지도 않고, 못 참겠고, 올 것이 온 것 같아서
때리고 싶고, 소리치고 싶고, 분노하는 화의 느낌입니다.

그는 나를 하찮게 무시하고, 예의 없고, 뭐 저런 게 다 있나 하는 느
낌으로 취급하고
그 느낌은 둘 사이에 끝인 것 같고, 더 이상 남아 있는 게 없는 것 같고
서로에게 없는 사람인 것 같아서 살고 싶지가 않았어요.
죽는 게 오히려 나을 것 같은 고통이었어요.

내가 바라는 것은
나를 존중해주고, 인정해주고, 사랑해주고, 받아주고, 이해해주는
거예요.
전처럼 따뜻하게 바라봐주고, 편하게 잘 지냈으면 좋겠어요.
불만 있으면 쌓아만 두지 말고, 소리치지 말고, 얘기를 했으면…
나를 최우선으로 생각해줬으면 좋겠어요.

반면에 내가 가장 행복했을 때는
어떤 모습인지 떠올려 보았습니다.

남편과 보라카이 여행을 갔었는데 다 좋았어요.
그때 남편이 해맑은 모습으로 행복해하는 모습을 보면서
여유롭고, 편안하고, 안전하고, 따뜻하게 행복해하고 있어요.

"그 행복감은 어떤 행복감인가요?"
그 행복감은
남편의 해맑은 웃음과 따뜻한 품에서 받은
편안하고 충만한 행복감입니다.

평온하고 편안한 행복감

내가 가장 힘들었을 때는
회사에서 부서원들이 다 있는 앞에서
부서장한테 굉장히 호되게 질책을 받았을 때입니다.
그때 내가 너무 가치 없게 느껴지고,
얼굴은 하얗게 질리고, 부끄럽고 창피한 모멸감을 느꼈습니다.
나를 바라보는 부서장의 사나운 눈빛과 표정은
내가 너무 잘못된 사람이라는 의미로 느껴져서 두려움에 엄청난 불안을 느꼈습니다.

그는 나를 아주 가치 없고, 무능하고, 아주 몹쓸 인간이란 느낌으로
취급했고
그 느낌은 내가 어디서도 환영받지 못해서, 버림받을 것 같고, 결국
내 존재가 사라지는 것 같은 느낌이었습니다.

내가 바라는 것은
그렇게 사납고 무섭게 얘기하지 말고,
경멸하듯이, 죽일 듯이 보지 않았으면 좋겠고,
여러 사람 앞에서 창피 주지 않았으면 좋겠고,

야단칠 일이 있으면 나만 따로 불러서 얘기했으면 좋겠고,
좋은 말투로 부드럽게 얘기해 줬으면 좋겠고,
그런 귀신 같은 얼굴로 쏘아보지 않았으면 좋겠어요.

반면에 내가 가장 행복했을 때는
어떤 모습인지 떠올려 보았습니다.

와이프랑 발리로 여행을 갔었는데
시장 구경도 하고, 밤거리를 같이 돌아다니고,
숙소에서도 너무 편하고 즐겁고
마음도 평온하고 아무 걱정도 없고 행복했어요.

"그 행복감은 어떤 행복감인가요?"
그 행복감은
모든 근심 걱정을 내려놓은
평온하고 편안한 행복감입니다.

그 느낌을 느끼고 있으니까
지금 몸에 따뜻한 온기가 퍼지고 있어요.

인정받아서 따뜻한 기운이 차오르는 행복감

내가 가장 힘들었을 때는
남편이 도박을 해서 같은 모임의 사람들이 나를 보고
'거 봐라. 네가 잘난 체하더니 그 꼴이 됐네' 하는 뉘앙스의 말투와
눈빛에
모멸감과 수치심으로 우울과 화가 납니다.

내가 모멸감이 느껴지는 거는
자기들이 잘못해 놓고 무엇을 잘못했는지도 모르고
나한테 당당한 태도를 보이는 것에 짜증도 나고
인간 같지 않은 것들한테 인정받으려고 하고, 의지하고 있는
나 자신이 부끄럽고 정말 못마땅합니다.

정말로 힘든 것은
남편의 일로 정신적으로 무너져 나 자신의 판단을 못 믿어서
나 자신을 잃어버리고, 예전처럼 당당하게도 안 되고
상실감, 배신감, 애정 욕구로 기대다 보니
용서할 수도 없고, 죄책감이 느껴집니다.

내가 바라는 것은

내 존재가 훼손되고 희미해지면

불안정하고, 무섭고, 외로운 상태라는 걸 알아주기를 바랐고

내가 굳이 말과 행동을 꾸미지 않아도

나를 있는 그대로 봐주기를 바랐고

내가 무엇을 원하고 바라는지 물어봐주길 바랐고

내가 힘들 땐 아무것도 안 해도 아무 말 하지 않기를 바랐고

무슨 일이 있든 내 편을 들어주기를 바랐고

나한테 많이 웃어주기를 바랐어요.

반면에 내가 가장 행복했을 때는

어떤 모습인지 떠올려 보았습니다.

어릴 때 글짓기로 전교생이 모인 자리에서

교단에 올라가서 상을 받는 장면입니다.

그것은 선생님에게 유일하게 인정을 받는 가장 행복한 장면입니다.

"그 행복감은 어떤 행복감인가요?"

그 행복감은

인정을 받아서

따뜻한 기운이 차오르는 행복감입니다.

백파 어정현

현재 삼성전자에서 부장으로 재직하고 있다.

경북대학교 전자공학과를 졸업하고, 한양사이버대학교 대학원 상담 및 임상심리 석사를 마쳤으며, 경기대학교 대학원 상담학과 박사과정을 수료하였다.

위빠사나 명상센터인 '호두마을'과 '담마코리아'에서 집중 명상 수련을 하였으며, 상담심리사 2급(한국상담심리학회), 임상심리사 2급(보건복지부), 명상상담사 2급(한국명상상담학회) 등의 자격증을 보유하고 있다.

저서로『알아차리고 머물러서 지켜보라』가 있다.

그래서 아팠구나

초판 1쇄 인쇄 2023년 5월 19일 | 초판 1쇄 발행 2023년 5월 26일
지은이 어정현 | 펴낸이 김시열
펴낸곳 도서출판 자유문고

(02832) 서울시 성북구 동소문로 67-1 성심빌딩 3층
전화 (02) 2637-8988 | 팩스 (02) 2676-9759
ISBN 978-89-7030-168-6 03180 값 17,000원
http://cafe.daum.net/jayumungo